BREVE HISTORIA DEL SOCIALISMO Y DEL COMUNISMO

BREVE HISTORIA DEL SOCIALISMO Y DEL COMUNISMO

Javier Paniagua

nowtilus

Colección: Breve Historia
www.brevehistoria.com

Título: Breve historia del socialismo y del comunismo
Autor: © Javier Paniagua

Copyright de la presente edición: © 2010 Ediciones Nowtilus, S.L.
Doña Juana I de Castilla 44, 3º C, 28027 Madrid
www.nowtilus.com

Diseño y realización de cubiertas: Nicandwill

ISBN-13: 978-84-9763-786-2
Fecha de edición: febrero 2010

Printed in Spain
Imprime: Estugraf Impresores S.L.
Depósito legal: M-53021-2009

A Joan Paniagua Armengol,
que nació veinte años después de la caída
del «muro» y en medio de la crisis
de la socialdemocracia.

¿Por qué estás en la cárcel?
—Por pereza.
—No es posible, por eso no encarcelan a nadie.
—¡Sí! Una tarde estuve hablando
de política con un amigo y criticamos
la política bolchevique. Decidí ir a
denunciarlo al día siguiente por
la mañana. Pero él reaccionó más
deprisa y acudió a los Órganos de
la KGB antes de irse a la cama.
(Chiste que corría entre
intelectuales en la URSS en
los años 30 del siglo XX).

Índice

Introducción... 13

Capítulo 1:
De los precursores de Marx a la
formación del marxismo teórico y político.............. 17
    La Revolución Industrial cambia el mundo..... 18
    Los impropiamente llamados
    «socialistas utópicos»...................................... 26
    De *El Manifiesto comunista*
    a la I Internacional... 32
    Dos formas de entender la futura sociedad
    socialista: Bakunin y Kropotkin *versus* Marx
    La Comuna de París como símbolo.................. 40
    El socialismo cristiano...................................... 47

Capítulo 2:
Los socialistas intentan cambiar el mundo
extendiendo la revolución: La II Internacional.............. 51

La segunda generación de la
Revolución Industrial............................... 51
La formación de los partidos socialistas........... 59
La constitución de la II Internacional.............. 79

Capítulo 3:
Revisionismo y marxismo-leninismo: la crisis
del internacionalismo socialista (1914-1939)................ 83
La I Guerra Mundial y el socialismo............... 83
La Revolución Rusa............................. 89
La fundación de la III Internacional................. 109
La consolidación del estalinismo
en la Unión Soviética........................... 113

Capítulo 4:
De la II Guerra Mundial
a la «Guerra Fría» (1939-1945)....................... 119
El triunfo de la democracia en la Europa
occidental: socialismo y comunismo
frente a fascismo y nacionalsocialismo............ 119
La expansión del comunismo en el
mundo y la contraofensiva occidental.............. 138
El desarrollo de la propaganda política
en la Guerra Fría: la socialdemocracia
apuesta por la sociedad de mercado.................. 152

Capítulo 5:
Comunismo, liberalismo
y socialdemocracia (1946-1973)...................... 155
El triunfo de la Revolución China:
el marxismo-maoísmo........................... 155
La evolución de las democracias populares
en el este de Europa............................. 160

Los movimientos socialistas en
Latinoamérica: de Fidel Castro
al Chile de Allende................................ 178
África: un socialismo anticolonialista............ 189
Las fronteras de la socialdemocracia
en las crisis del libre mercado.......................... 195
Las reinterpretaciones del marxismo
en los años 70 del siglo xx:
eurocomunismo y socialdemocracia................ 200

Capítulo 6
Neoliberalismo, perestroika y socialdemocracia........... 207
Grecia, Portugal y España: la superación
de las dictaduras y el auge socialista................ 207
La crisis del comunismo real. De la
perestroika a la caída del muro de
Berlín, y el efecto dominó en las repúblicas
democráticas del este de Europa...................... 224
Gorbachov y la perestroika............................... 230
El socialismo en las sociedades
de libre mercado: la redefinición
ideológica de la socialdemocracia.................... 236
Mayo del 68... 236
China: de la vía socialista
al capitalismo... 243

Conclusión.. 249

Bibliografía básica general.............................. 259

Bibliografía básica específica........................... 265

Introducción

El término «socialismo» no tiene una procedencia muy clara. Empezó a divulgarse en el primer tercio del siglo XIX, hacia 1830. Se cita que fue en Inglaterra donde aparece, por primera vez, la palabra vinculada a las reformas que proponía Robert Owen y, al parecer, se utilizó también en el periódico francés *Le Globe,* dirigido en 1832 por Pierre Leroux, un seguidor del presocialista Saint-Simon. Su significado variaba según el autor que lo utilizara, y con él se aludía a todo tipo de proyectos, profecías o protestas sobre las condiciones sociales y económicas derivadas de la Revolución Industrial, cuando la vida de la mayor parte de la población trabajadora fue muy dura, en los límites de la subsistencia y sus viviendas eran insalubres. La jornada de trabajo se prolongaba más de quince horas y los niños y las mujeres tenían que trabajar para contribuir al sustento familiar. En 1832, una comisión parlamentaria británica recogió testimonios sobre las precariedades laborales de las trabajadoras y de los niños y propuso que su horario se limitara a doce horas. Pero diez años más tarde la situación no había cambiado mucho y se verificó que un niño de seis años pasaba su jornada laboral en el fondo de una mina para abrir y cerrar las compuertas de la ventilación y permitir el paso de las vagonetas.

La reflexión sobre esta realidad estimuló a algunos a la búsqueda de soluciones para resolver los problemas de hacinamiento en las ciudades y, en este sentido, el pensamiento de la Ilustración, desarrollado a lo largo del siglo XVIII, se convirtió en una fuente de inspiración para aquellos autores sensibilizados ante los cambios radicales que aparejaron la industrialización y el lema de *Libertad, igualdad y fraternidad* de la Revolución Francesa.

A partir de 1830, el término «socialismo» formó parte del lenguaje popular, asimilándolo a la consecución de una mejora de las condiciones sociales y políticas de la mayoría de los trabajadores, quienes al principio solo plantearon la extensión de la democracia para todos los varones, es decir, el sufragio universal masculino. Posteriormente, se denominaría también «comunismo», en tanto que fase final del socialismo. Surgieron alternativas imaginativas, de carácter colectivista, para solucionar la evidente situación de indefensión de la población obrera y campesina. El socialismo, no obstante, adquirió un nivel de mayor coherencia con las propuestas políticas y los análisis de Marx y su amigo Engels que, partiendo de la filosofía alemana, la tradición revolucionaria francesa, principalmente jacobina, y los economistas ingleses y escoceses, construyeron una teoría socialista que calificaron de «científica» y que impulsaron desde distintas plataformas políticas y sindicales, implicándose en ellas, sin limitarse a los análisis intelectuales. En 1848 Marx y Engels publicaron *El Manifiesto comunista,* donde pretendieron trazar los límites entre las reivindicaciones democráticas de la burguesía y las específicas de los obreros, llamados también «proletarios», para darles un sentido más amplio que el de simples trabajadores de un taller o fábrica, por cuanto había que contar con aquellos trabajadores autónomos que vivían de su oficio (zapateros, carpinteros, pintores…). El socialismo empezó a arraigar entre los primeros trabajadores industriales y artesanos de los oficios, y se extendió por las nuevas fábricas, a finales del siglo XIX, donde se concentraba una gran cantidad de ellos. Sin embargo, entre los campesinos solo adquiriría una fuerza política consistente y de grandes masas a partir de la I Guerra Mundial.

La vida de los partidos socialistas no estuvo exenta de dificultades, en ellos aparecieron divergencias tácticas y estratégicas sobre cómo alcanzar el poder político para facilitar la llegada del socialismo. Surgieron los revisionismos del marxismo desde posiciones más moderadas, que incorporaban reflexiones de otros filósofos o interpretaciones más radicales, como las de Lenin, que condujo a la Revolución Rusa de 1917 y a la creación de los partidos comunistas, con la escisión irrevocable en el socialismo.

Hubo intentos tardíos, muy desiguales, a finales de los años 70 del siglo XX, de recomponer la unidad perdida entre socialistas y comunistas, pero nunca cuajaron. La gran mayoría de los partidos denominados «socialistas» o «socialdemócratas» habían abandonado el marxismo como base de interpretación del mundo y de estrategia política. La URSS representaba un modelo de

organización que no favorecía el bienestar de los trabajadores en términos similares a los logrados por los socialistas por medios políticos y sindicales en las
economías de libre mercado. Además, comenzaron a va-
lorar la labor de los empresarios que estimulaban el crecimiento y creaban puestos de trabajo, aunque criticaban
al especulador que hacía fortuna aprovechando una
buena coyuntura pero sin contribuir en nada a la riqueza
de los Estados. Bruno Kreisky, presidente del Gobierno
austriaco y secretario general del Partido Socialdemócrata Austriaco, por aquellos años publicó un artículo,
«Las perspectivas del socialdemocratismo en los años
70», donde afirmaba que «la socialdemocracia no podrá
ser jamás un aliado de la dictadura comunista [...] es la
alternativa al comunismo».

En estas páginas se cuenta sucintamente, y espere-
mos que con la suficiente claridad para el lector no es-
pecializado, la evolución de un movimiento dual,
socialista y comunista, sin el cual no podemos entender
lo que ha ocurrido en el mundo desde el siglo XVIII hasta
el siglo XXI.

1

De los precursores de Marx a la formación del marxismo teórico y político

Desde una concepción amplia, podríamos fijar los antecedentes del socialismo en el mismo pensamiento humano. La preocupación por mejorar las condiciones sociales se remontan a diversas culturas. Akhenaton, el faraón egipcio, o Confucio, en China, hacen referencia en el siglo XIV a. C. y en los siglos VI y V a. C., respectivamente, a la necesidad de igualdad de todos los seres humanos y a extender la educación entre toda la población. De igual manera, existen testimonios en la Grecia clásica y en la Roma antigua, como la propuesta de la sociedad ideal de Licurgo para la ciudad de Esparta, que Platón cita en sus obras del siglo IV a. C. Durante la Edad Moderna, la rebelión de los campesinos alemanes en el siglo XVI, bajo la dirección del anabaptista Munster, proponía la abolición de la propiedad privada. También durante la época de Oliver Cronwell los llamados *levellers*, o «niveladores», planearon, una centuria más tarde, una estructura social igualitaria e incluso algunos cultivaron las tierras comunales para distribuir la producción entre todos. De igual manera, podemos encontrar formas de socialismo en las reducciones jesuíticas establecidas entre los guaraníes de Paraguay en el siglo XVIII, con una organización social donde no existía el dinero y la tierra, los edificios y el ganado estaban colectivizados. Asimismo, durante la Edad Moderna se escribieron diversas «utopías», como la de santo Tomás Moro en 1516 o la de *La ciudad del sol,* de Tomás Campanella, en 1623, en las que se proponía la propiedad comunitaria.

Pero hasta la Revolución Francesa y la Revolución Industrial no surgen propuestas de lo que realmente entendemos como socialismo o comunismo, que irán extendiéndose en los siglos XIX y XX.

LA REVOLUCIÓN INDUSTRIAL CAMBIA EL MUNDO

Desde la Baja Edad Media hasta bien entrada la Edad Moderna (entre los años 1300 y 1700) los cambios económicos y sociales en Europa se sucedieron de manera lenta. Las ciudades acogieron los oficios, y las cortes de los reyes, que iban imponiéndose a la nobleza, exigían reflejar ese poder absoluto que las monarquías europeas querían representar, lo que comportaba nuevas construcciones, nuevos objetos decorativos y nuevas maneras de vestir. El lujo se convirtió en un elemento demandado por esos monarcas y nobles que disfrutaban de las rentas de sus tierras y de los tributos que los vasallos o siervos rendían a sus señores. Pero el sistema feudal en que se basaba el Antiguo Régimen empezó a ser cuestionado cuando aparecieron nuevas maneras de producción, al tiempo que se creaban inventos que mejoraban las formas de labranza. A principios del siglo XVIII, un campesino labraba 0,4 hectáreas por día con un arado tradicional uncido a un buey, pero a finales del mismo siglo el arado se había perfeccionado y se utilizaba el caballo, lo que permitía labrar el doble en un día. Trabajar la tierra se hizo rentable con unos costes de producción menores y un considerable aumento de la productividad en las tierras cultivadas. Los productos podían venderse a precio más bajo y los propietarios veían incrementarse sus beneficios. Con la introducción de nuevas técnicas se producía, al mismo tiempo, la concentración de la propiedad y el abandono del sistema comunal de cultivos.

En Gran Bretaña, el Parlamento dictó normas sobre la concentración de la propiedad y estableció los cercamientos *(enclosures)*. La aristocracia y los campesinos más afortunados se hicieron propietarios de grandes explotaciones, mientras los más pobres tuvieron que abandonar sus hogares, trasladarse a las ciudades y emplearse como mano de obra barata en talleres y en las nuevas fábricas que cambiaron las formas de producción. En ellas empezó una nueva forma de trabajo que, dado que subsistieron los trabajadores autónomos de los oficios, no sería hegemónica hasta el siglo XX. Las máquinas, movidas por el vapor, concentraban en un mismo espacio a los obreros que realizaban partes diferentes de un producto, no como los artesanos que eran responsables de todo el proceso desde el principio al final. La división del trabajo alteró, poco a poco, las formas de producción al tiempo que el feudalismo entraba en decadencia: los trabajadores ya no estaban obligados a permanecer en la tierra en que habían nacido y trabajar, o proporcionar una parte de su cosecha al propietario aristócrata o eclesiástico.

Muchos artesanos y trabajadores que combinaban las faenas del campo con la elaboración en sus casas de materiales que recibían de los comerciantes vieron cómo su trabajo disminuía, y manifestaron su protesta con la destrucción de las máquinas. Esta forma de violencia se conoce con el nombre de «movimiento ludita», en referencia a la figura mítica del británico Ned Ludd, cuya fama se extendió por los actos de destrucción de los nuevos inventos. En España, la primera acción ludita tuvo lugar en Alcoy, en 1821, cuando más de 1000 trabajadores de esa comarca valenciana que trabajaban en sus domicilios para la industria textil —elaborando con la materia prima que les proporcionaba un comerciante un producto, o parte del mismo— destrozaron las máquinas que algunas empresas habían introducido.

A partir de entonces, de esas primeras décadas del siglo XIX, se trabajaría por un salario que, aunque dependería de la oferta y la demanda, generalmente estaba en el límite de la subsistencia, lo que condicionaba unas formas de vida duras, sin regulación de los horarios de trabajo que sobrepasaban las catorce horas diarias, y sin ningún derecho si los trabajadores se enfermaban o si llegaban a una edad en que ya no podían soportar la dureza de la jornada laboral y las condiciones laborales. Los lugares de trabajo no tenían la ventilación adecuada ni una iluminación propicia. Muchas mujeres y niños que habían perdido a sus maridos y padres tenían también que emplearse para poder alimentarse. El escritor británico Charles Dickens reflejó en muchas de sus novelas las miserables vidas de los obreros industriales. La segunda novela de Dickens, *Oliver Twist* (1839) es uno de los testimonios más significativos, o *La isla de Jacob*, donde una prostituta es humanizada como víctima de los cambios sociales, mujeres que eran tachadas de «desafortunadas», inmorales víctimas inherentes a la economía del capitalismo. *La casa desolada* y *La pequeña Dorrit* expresaron duras críticas hacia el comportamiento de las instituciones y la moral hipócrita de la época de la reina Victoria, la llamada «era victoriana».

Surgieron instituciones que trataron de paliar estas paupérrimas condiciones de vida, como las casas de beneficencia. En Gran Bretaña se crearon los talleres de trabajo, las *workhouses*, donde se internaba a indigentes o niños huérfanos a los que se obligaba a trabajar con un régimen disciplinario estricto. En Francia, la Revolución (1789-1815) abolió los derechos feudales sobre las tierras y su propiedad pasó a los campesinos que las labraban, y lo mismo ocurrió en España con la desamortización de las tierras de la Iglesia. A medida que se desarrollaba la industrialización y los problemas que creaba, la «cuestión social» se convirtió en tema tratado por escritores, ensayistas, economistas, religiosos, filántropos, legisladores y gobernantes, y adquirirá matices interpretativos distintos según autores y épocas.

La dialéctica entre la libertad individual y la lucha por conquistar, mediante la asociación, mejoras en las condiciones de vida o cambiar radicalmente el sistema capitalista fue el eje sobre el que giró la dinámica de los combates sociales de aquellos que vivían en los límites de la subsistencia. Ya en la Francia revolucionaria estalló, en 1796, la «Revolución de los Iguales». Se trataba de una insurrección protagonizada por los seguidores de François Noël Babeuf para derrocar al Directorio e implantar un gobierno revolucionario. Babeuf fue el primero en exponer un programa revolucionario en su *Manifiesto de los iguales,* publicado en noviembre de 1795, que suponía una concepción radical de las relaciones económicas donde el comunismo distributivo y de consumo se convertía no en una utopía sino en una propuesta ideológica. Intentó construir una sociedad donde no existiera la propiedad privada y se estableciera la comunidad de bienes y de consumo, pero nunca abordó cómo se realizaría la producción. Insistió mucho en la colectivización de la tierra y por ello su comunismo tiene connotaciones agraristas. Representó un salto cualitativo en las manifestaciones y reivindicaciones de los *sans-culottes,* los artesanos, campesinos y obreros que fueron las bases de los jacobinos, que manifestaron durante la Revolución Francesa el malestar por el alza de los precios de los alimentos de primera necesidad, especialmente el pan, y la necesidad de que se pusiera coto a los cambios de los precios en función de la especulación del mercado. Fracasado su intento, Babeuf murió en la guillotina.

La Asociación de Trabajadores de Londres, que se organizó a principios de los años 30 del siglo XIX por la acción de un ebanista, sin tener todavía un carácter sindicalista, proclamó, en 1838, la Carta del Pueblo. La presentaron en el Parlamento con la intención de conquistar los derechos políticos para todos los ciudadanos, sin distinción de rentas. También reivindicaban mejores viviendas, comida y una jornada laboral más corta. En 1840 se crearía la Asociación Nacional Cartista con el propósito de luchar por los derechos de «la Carta», pero la división entre sus líderes impidió conseguir alguno de sus propósitos. Experiencias similares surgidas en otros países europeos sensibilizaron a los Gobiernos respecto a que no podían inhibirse ante la «situación social» de la clase

Babeuf quiso hacer popular la Revolución Francesa.

obrera. Esta todavía no había creado alternativas propias, tan solo algunas asociaciones de oficios que apuntaban a lo que después sería el movimiento sindicalista y los partidos obreros. El sindicato, es decir, la unión permanente de los trabajadores para defender sus intereses, surgiría como tal a finales del siglo XIX y propició la conciencia de que la clase obrera tenía objetivos distintos a los de los propietarios de los medios de producción.

Pero sigamos con las transformaciones económicas promovidas desde el siglo XVIII. Los cambios de la revolución agraria tuvieron efectos inmediatos sobre la industria del hierro con la fabricación de nuevos aperos de labranza. Posteriormente, los agricultores demandaron, además de máquinas movidas por el vapor, fertilizantes, estimulando la industria química. Además, buena parte del capital acumulado por la agricultura se invirtió en la

Campesinos convertidos en obreros.

industria en unos tiempos en que la expansión colonial británica estaba en auge.

El aumento del comercio más allá de las fronteras de los Estados proporcionó la expansión del capitalismo por todo el mundo y se intensificó la colonización para conseguir materias primas a costes bajos. Esta expansión comercial, iniciada por Gran Bretaña, influyó en la construcción de barcos más potentes y rápidos. Y las rentas obtenidas del comercio fueron, también, un factor de inversión para la producción industrial. A partir de 1830 la expansión del ferrocarril permitió un transporte más fluido de mercancías y pasajeros y una expansión de la industria siderúrgica.

Las ciudades, que comenzaron a desarrollar las nuevas formas productivas, crecieron en el extrarradio de manera improvisada, con nuevos suburbios donde residían los trabajadores en condiciones muy precarias. Las casas, generalmente construidas por ellos mismos, estaban exentas de las condiciones de salubridad mínimas y en ellas se hacinaban las familias que emigraban del campo a la ciudad.

La explosión demográfica que se inició en el siglo XVIII se afianzó durante el siglo XIX: las tasas de mortalidad fueron disminuyendo, al tiempo que la natalidad se mantenía alta. Fue desapareciendo la pandemia de la peste bubónica que hasta el siglo XVII había tenido efectos catastróficos sobre la población, y aunque todavía hubo epidemias importantes de peste junto a otras como la gripe, el tifus y el cólera, los cordones sanitarios que el Ejército imponía, aislando las zonas infectadas, permitieron controlar los focos infecciosos. A partir de mediados del siglo XIX, los nuevos descubrimientos médicos —entre ellos las vacunas— también contribuyeron a paliar los índices de mortalidad. Pero, sobre todo, la revolución agraria posibilitó una mayor abundancia de alimentos que mejoró la salud de la población, junto a medidas higiénicas en las grandes ciudades a través de la canalización de las aguas fecales y el cambio de costumbres en el aseo personal.

Todos estos cambios comenzaron, como hemos apuntado en varias ocasiones, en Gran Bretaña y fueron extendiéndose, en más o menos tiempo, por toda Europa hasta llegar, en el primer tercio del siglo XX, a Rusia y los países de la Europa oriental, para abarcar, en el siglo XXI, a todos los continentes. Si la industrialización no ha tenido el mismo grado de desarrollo en todas partes, y aún quedan muchas zonas sin industrializar, sus efectos económicos y sociales han afectado a la inmensa mayoría de la población mundial.

Pero la Revolución Industrial no fue solo una revolución tecnológica que proporcionó mejoras en la agricultura y la producción en serie. Significó un cambio radical en las relaciones de producción que acabaron con el sistema feudal de vasallaje y posibilitó la libertad de comercio y contratación de la mano de obra con el fin de sacar el mayor beneficio posible al menor coste. Esta nueva etapa, que se conoce con el nombre de «capitalismo», alcanzaría progresivamente a casi todos los rincones de la tierra.

LOS IMPROPIAMENTE LLAMADOS «SOCIALISTAS UTÓPICOS»

Las transformaciones económicas y sociales generadas por la Revolución Industrial también afectaron a la organización política. Ellas pusieron las condiciones para permitir el despegue económico. La revolución inglesa del siglo XVII, la estadounidense de 1776 y, sobre todo, la francesa en 1789 dieron pie a la igualdad de derechos —penales, civiles y políticos— y a la abolición de los estamentos feudales con sus privilegios propios y sus diferencias según se perteneciera a la nobleza, al clero o se fuera un simple villano o burgués. Nació el concepto de *ciudadanía* y una forma diferente de entender la relación entre gobernantes y gobernados. Poco a poco se extendió el liberalismo que, sin constituir una teoría política muy definida, fue el fruto de la confluencia de distintas corrientes de pensamiento que resaltaban la capacidad individual de decidir, por encima de los principios y costumbres considerados inmutables por la tradición.

Los descubrimientos científicos, la filosofía empirista y las ideas políticas de la Ilustración constituyeron las bases ideológicas sobre las que se asentó el liberalismo, que se convirtió en la ideología de la burguesía, principal protagonista de los movimientos políticos revolucionarios. Fue ella la que introdujo las nuevas formas de producción de la Revolución Industrial, la que se enriqueció con los nuevos negocios y los expandió allí donde existiera un mercado para vender sus productos, la que estuvo interesada en explorar continentes como Asia y África a fin de conseguir materias primas a bajo coste. Igualmente, constituyó las nuevas entidades financieras que invertirían en todo aquello que le supusiera beneficios. Esta nueva clase social, que fue desplazando a la nobleza feudal del poder en la primera mitad del siglo XIX, utilizó el lema de *Libertad, igualdad y fraternidad* para desbancar con la ayuda de los trabajadores, a los viejos gobernantes. Sin embargo, los nuevos obreros no vieron en el liberalismo la mejora de sus vidas, e incluso en muchos casos sus condiciones económicas fueron peores que cuando vivían de la agricultura y la compatibilizaban con el trabajo a domicilio. Lo mismo les ocurrió a los artesanos, que, aunque subsistieron, su trabajo se hizo cada vez más subsidiario y se redujo a determinadas labores en las que la habilidad era fundamental para conseguir el producto final.

Entre la Revolución Francesa y 1848, burgueses y obreros lucharon juntos en las barricadas para conseguir consolidar las libertades políticas a las que todavía se oponían las fuerzas del Antiguo Régimen. Pero los trabajadores descubrieron que el liberalismo significaba, principalmente, libertad para fabricar, comerciar y ampliar los mercados. Libertad para elegir el gobierno apropiado y votar las leyes que se consideraran convenientes. Libertad para salvaguardar la libertad de expresión y asociación y libertad para respetar los derechos individuales. Pero estas libertades no eran iguales para todos. Los financieros, propietarios de las industrias, o grandes comerciantes y terratenientes se las guardaron para sí, y solo los que tenían una determinada renta podían votar u ostentar cargos en el Gobierno.

Los obreros y campesinos sin tierras quedaron desamparados, a merced de la libertad de contratación de los que poseían la propiedad de los medios de producción. Fue entonces cuando se percataron de que solo con sus propias fuerzas podrían mejorar sus condiciones de trabajo, e incluso empezaron a plantearse que el nuevo sistema capitalista podía cambiarse por otras formas productivas que extendieran una mayor justicia en la sociedad.

Surgieron una serie de autores, entre finales del siglo XVIII y principios del siglo XIX, que analizaron, según sus perspectivas, las causas que habían provocado las nuevas formas productivas y propusieron los remedios que consideraron oportunos para eliminar las injusticias sociales. Son los conocidos como «socialistas utópicos». El *socialismo utópico* es una expresión que empleó el marxismo para distinguirlo de lo que consideraba que era el *socialismo científico* propuesto por Frederick Engels y, sobre todo, por Karl Marx. Ambos creyeron haber descubierto las leyes científicas de los procesos históricos y las relaciones de dominación en cada uno de los periodos, que conduciría, inexorablemente, al socialismo. Los «utópicos», según Frederick Engels, partían de una supuesta concepción previa de la naturaleza humana que debía tenerse en cuenta para conseguir un orden social justo, al margen de las condiciones históricas.

Los análisis y las propuestas de cada autor fueron muy diferentes pero, en algunos casos, le sirvieron a Marx para su crítica del capitalismo y de los procesos históricos. Y algunas de sus preocupaciones perviven en los tiempos actuales. En ese sentido aunarlos en un conjunto único, tachándolos de «utópicos», no parece lo más adecuado. Podríamos definirlos, tal vez, como «socialistas de anticipación»

Cabe citar al británico Robert Owen (1771-1858) y a los franceses Claude-Henri de Saint-Simon (1760-1825), Charles Fourier (1772-1837) y a los que desarrollaron sus teorías en el siglo XIX como Louis Blanc (1811-1882), Auguste Blanqui (1805-1881) y Joseph Proudhon (1809-1965). También podría alcanzar a otro británico, William Godwin (1756-1836) —padre de Mary Shelley, autora de la novela *Frankenstein*—, considerado el primer teórico del anarquismo. Todos ellos contribuyeron, en mayor o menor medida, a criticar las injusticias que producía la economía de mercado en un tiempo en que el Estado prácticamente no intervenía en las condiciones de los trabajadores contratados por los dueños de talleres y fábricas. Y también propusieron soluciones. El conde Saint-Simon, por ejemplo, tenía una concepción del cambio histórico en la evolución de la humanidad y así lo expresó en su principal obra, *El nuevo cristianismo* (1825). Creía que, al final, el pensamiento científico sería el triunfador y determinaría cómo debían organizarse las relaciones económicas y sociales. Afirmaba que del estadio feudal, donde predominaba la metafísica religiosa y la teología, se había pasado a la sociedad industrial con el triunfo de la racionalidad cien-

tífica que había facilitado el progreso. Los más preparados intelectualmente serían los que debían dirigir la sociedad para que esta alcanzara las mayores cotas de
riqueza. Las sociedades tenían que ser analizadas del
mismo modo que otras materias experimentales, tales
como la física o la biología. Uno de los discípulos, y antiguo secretario de Saint-Simon, el francés Auguste
Comte (1798-1857), pasa por ser el creador de la sociología y formulador del *positivismo*, que pretendía reducir
todo saber a la ciencia que se demuestra con la experi-
mentación.

De manera muy diferente analizó los nuevos tiempos Charles Fourier, quien estimaba que la pobreza era
la causa principal de los desórdenes sociales. Cuestionó
la libre competencia, que se imponía con la industrialización, y el sistema comercial capitalista, que conocía
bien puesto que él mismo había heredado la profesión
de su familia: comerciante. Propuso en 1829 un modelo
agrarista, los «falansterios», donde convivirían un grupo
de personas (1620 sería el número adecuado) en una extensión de 2000 hectáreas, en cada uno de los cuales se
construiría una gran residencia, con lugares para espar-
cimiento, biblioteca y dormitorios para todos los miembros, mientras los campos de cultivo estarían alrededor
del gran edificio social.

Por su parte, Robert Owen, propietario de una industria textil, criticó el sistema de propiedad industrial
y fue un precursor del cooperativismo. En su fábrica de
New Lanark, en Escocia, trató de experimentar métodos
de trabajo más humanos para los obreros, acortando la
jornada laboral y proponiendo subsidios de paro y jubilación. Serían las cooperativas de producción y consumo
las que organizarían la economía del futuro y eliminarían

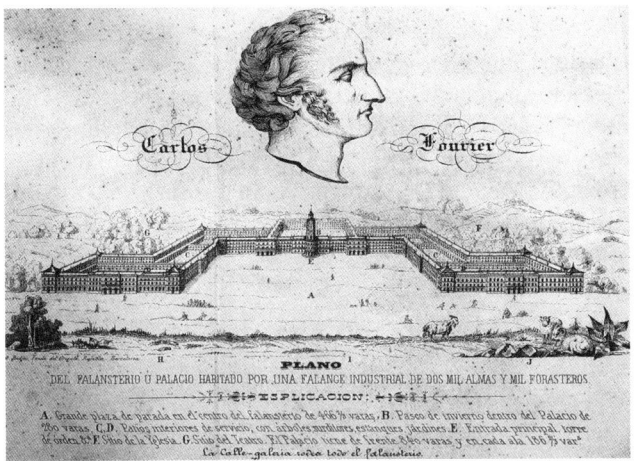

PLANO
DEL PALANSTERIO Ú PALACIO HABITADO POR UNA FALANGE INDUSTRIAL DE DOS MIL ALMAS Y MIL FORASTEROS.
EXPLICACION:

A. Grande plaza de parada en el centro del falansterio de 460½ varas. B. Paseo de invierno dentro del Palacio de 300 varas. C,D. Patios interiores de servicio, con arboles, surtidores, estanques y jardines. E. Entrada principal, torre de órden. F. F. Sitio de la Yglesia. G. Sitio del Teatro. El Palacio tiene de frente 850 varas y en cada ala 150½ var.ᵗ La Calle-galería cubre todo el falansterio.

El falansterio fue uno de los modelo que adoptarían las comunas hippies del siglo XX.

las injusticias sociales del capitalismo. Se preocupó, también, de la humanización de la educación infantil y propuso la creación de los parvularios. Creía que los factores sociales condicionaban el comportamiento humano.

Proudhon, el primer teórico del anarquismo, dictaminó que «la propiedad es un robo», aunque esta frase tan posteriormente famosa acabó por distorsionar el verdadero contenido de su obra. Pensaba que toda propiedad debe estar basada en el trabajo de cada uno y que nunca se debe vivir de las rentas de otros. Su proyecto lo sustentaba en trabajadores independientes que no explotaban a otros trabajadores y una sociedad sin Gobierno ni burocracia. El penúltimo de los «socialistas de anticipación» que veremos aquí, el también francés Louis Blanc, fue el primero en formular el concepto de «cuarto estado», es decir, aquella categoría social que mostraba a las claras que los trabajadores tenían intereses distintos a los del «tercer estado», la burguesía, protagonista de la Revolución Francesa. También Étienne Cabet defendió en los años 30 y 40 del siglo XIX ideas comunistas que se hicieron muy populares por medio de su novela *Viaje a Icaria* (1840) e intentó asimismo sin éxito fundar en Estados Unidos comunidades igualitarias.

DE EL MANIFIESTO COMUNISTA A LA I INTERNACIONAL

Lo que hemos llamado, habitualmente, «socialismo» no hubiera sido lo mismo sin la aportación de Karl Marx y de su amigo Frederick Engels. Fueron ellos los que dieron coherencia a una teoría social e histórica y a una práctica de asociación que caló entre los asalariados de muchos oficios, autónomos, pequeños comerciantes y obreros de las nuevas fábricas. A todos ellos los unieron bajo el nombre de «proletariado» en contraposición a la «burguesía», poseedora de los medios de producción. Los proletarios debían trabajar para ella generando con su trabajo una plusvalía que favorecía la acumulación y el beneficio capitalista. Los sectores intermedios —artesanos, pequeños comerciantes, autónomos— van desapareciendo y se proletarizan ante el avance imparable de la gran industria y el sector financiero. Al final, según lo ideado por ambos, llegaría el enfrentamiento final entre la burguesía y el proletariado, del mismo modo que sucedió entre los burgueses y los privilegiados aristócratas del Antiguo Régimen, simbolizado en la Revolución Francesa. «¡Proletarios de todo el mundo, uníos!» fue la consigna que pretendía animar a los trabajadores a asociarse, puesto que, como Marx afirmaba, los filósofos se habían encargado, hasta la fecha, de explicar el mundo y ahora había que transformarlo.

Marx provenía de una familia judía. Nació en Tréveris, en Renania-Palatinado, el 5 de mayo de 1818, y falleció en Londres, el 14 de marzo de 1883. Su padre era abogado y se había convertido al luteranismo para evitar problemas de antisionismo. Empezó estudiando Derecho en Bonn, y acabó en Berlín Filosofía e Historia. Entró en contacto con grupos radicales, los llamados «hegelianos» de izquierda. Se doctoró, pero el Estado prusiano (Alemania como Estado unificado no existirá hasta 1870) no le permitió dar clases en la universidad y se dedicó al periodismo, lo que le facilitó conocer muchos aspectos de las condiciones sociales y políticas de los trabajadores alemanes. Viajó a Paris en 1843, donde conoció a Engels, hijo de un gran empresario alemán, que sería su amigo inseparable hasta su muerte. Tomó contacto con socialistas franceses, entre ellos Proudhon, del que más tarde, en 1847, criticaría violentamente su trabajo *Filosofía de la miseria* con su propio escrito titulado en contraposición *Miseria de la Filosofía.*

El filósofo alemán Georg Wilhelm Friedrich Hegel (1770-1831) había diseñado un sistema, la dialéctica, según el cual la historia de la humanidad se desarrollaba en un proceso de contrastes de ideas (tesis-antítesis y síntesis). Marx y Engels transformaron la *dialéctica* hegeliana en el *materialismo dialéctico,* por el que se interpretaba la historia como un proceso de lucha de clases sociales. Así, la esclavitud habría dado paso a la servidumbre feudal y esta, a su vez, fue revocada por la burguesía.

Karl Marx pensaba que los filósofos habían explicado el mundo, ahora se trataba de cambiarlo.

En 1848, Marx publicó, junto con Engels, *El Manifiesto comunista*, encargo que le hizo la Liga de los Justos de Londres, asociación que provenía de las organizaciones secretas de artesanos suizos, franceses e ingleses. Ambos ingresaron en ella y le cambiaron el nombre por «Liga Comunista». El texto enlazaba con la tradición comunista de Babeuf, quien había propuesto un programa de construcción alternativo al capitalismo. Además, quisieron diferenciarlo de los «socialistas utópicos». De hecho, los partidos socialistas que se constituirán a finales del siglo XIX, sustentados principalmente en el marxismo, recuperarán el término *socialista*, atribuyéndole, como hicieron Marx y Engels, el carácter de «socialismo científico». Pero no será hasta la Revolución Rusa cuando vuelva a utilizarse la palabra *comunista* para diferenciarse de los *socialistas,* que no aceptaron las tesis de la III Internacional, fundada, como veremos, después del triunfo bolchevique en 1917. También Marx interpretó que el comunismo sería la etapa final del socialismo, donde a cada uno se le daría según sus necesidades y cada cual aportaría según sus capacidades, algo que recuperó posteriormente Lenin, el principal dirigente de la Revolución Rusa. *El Manifiesto comunista* resumía lo que significaba el marxismo como interpretación de la historia y la acción política del proletariado, la clase obrera, que debía superar las fronteras de los Estados —los proletarios no tienen patria— y unirse para la lucha final contra la burguesía. Vaticinaba que la clase burguesa entraría en crisis ante la codicia por obtener mayores beneficios, lo que provocaría la unión del proletariado: «Que la clase dirigente —concluía *El Manifiesto*— tiemble con la revolución comunista».

Marx fundó con Engels en la ciudad alemana de Colonia un periódico, representativo de la izquierda radical, en el que analizaba las consecuencias de la Revolución de 1848, durante la cual se escenificó la separación de la burguesía y el proletariado en su alianza por una mayor democratización política: la burguesía se dio cuenta de que la confluencia con la clase obrera perjudicaba sus intereses. Después del fracaso de la Revolución de 1848 —que se había extendido principalmente por Francia, Alemania y Austria—, la Liga Comunista no resistió y Marx fue expulsado de Alemania. Se exilió en Londres, acompañado de su mujer, Jenny, que siempre le apoyó en todo, con la que tendría cuatro hijas (una de ellas muerta al nacer) y un hijo, Edgar, que fallecería joven, en 1855. Allí vivió hasta su muerte en 1883, en no muy buenas condiciones, y su carácter se hizo cada vez más adusto y crítico a medida que su salud se deterioraba. En la Biblioteca del Museo Británico pasaba los días estudiando y profundizando en su análisis sobre el capitalismo, mientras colaboraba en la prensa inglesa y recibía ayuda económica de su amigo Engels, que lo visitaba con frecuencia, o pequeñas herencias de sus suegros o sus padres, pero que gastaba rápidamente. Su hija menor, Eleonor, nunca aceptó que su padre tuviera un hijo, Freddy, del que Marx no se ocupó, con el ama de llaves, Helene Demuth, que vivía con la familia, y ella se lo atribuyó a Engels. Marx siempre tuvo miedo a que su mujer lo descubriera y pidiera la separación. El hijo nunca supo quién era su padre. Engels desmentiría la paternidad de Freddy días antes de morir.

Marx culminó toda una obra teórica en *El capital,* cuyo primer volumen se editó en 1867. Los siguientes dos tomos los publicaría Engels en 1885 y 1894, cuando Marx ya había fallecido. En ellos analiza los procesos de producción y distribución del capitalismo desde la perspectiva del materialismo histórico. Aparecen conceptos que, posteriormente, han sido muy debatidos por los economistas, politólogos, sociólogos e historiadores: plusvalía, alienación, acumulación primitiva de capital, salarios, tendencia a la baja de la tasa de ganancia, concentración del capital, empobrecimiento de obreros y pequeños propietarios y clase social. Este último concepto, *clase social,* lo utiliza Marx como elemento clave pero no lo define con claridad porque para él la cuestión estaba clara en el dualismo burguesía —propietaria de los medios de producción— y proletariado —generador de plusvalía— donde acabarían todos los que utilizan su fuerza de trabajo para subsistir.

Pero no solo se limitó a estudiar y publicar sino que continuó con su labor de activista. Estuvo en contacto

Marx en una convención de la Liga Comunista en 1847.

con dirigentes obreros de Alemania, debatiendo las tesis de Ferdinand Lassalle, un agitador político que tenía predicamento en círculos obreros alemanes y analizó la dinámica de los salarios de los trabajadores que, como veremos, Marx discutió radicalmente (la ley de bronce de los salarios). El 28 de septiembre de 1864 se reunió con obreros de Italia, Gran Bretaña y Francia y con personajes independientes, generalmente exiliados, en la Saint Martin's Hall de Londres y, junto a ellos, fundó la Asociación Internacional de Trabajadores (AIT), de cuyo manifiesto inaugural el propio Marx sería autor. La AIT fue, desde el principio, una amalgama de asociaciones obreras de diferente carácter ideológico con adhesiones individuales de revolucionarios o reformistas sociales que formaban parte de círculos que deseaban cambiar la sociedad.

En los congresos celebrados entre 1866 y 1872, la AIT admitió la colectivización de los medios de producción industriales y de la tierra, así como la utilización de la huelga para conseguir mejoras en las condiciones de trabajo. El objetivo final era lograr la emancipación de todos los asalariados que, según la consigna de la propia Internacional (pues con ese nombre pasará a ser conocido ese proceso congresual de la AIT: «la I Internacional»), ha de ser obra de los mismos trabajadores y para ello había que fomentar en todos los países la formación de asociaciones (sindicatos) y las cooperativas impulsadas por ellos. En el II Congreso de Lausana de 1867 se ratificó que la emancipación social de los trabajadores debía ir pareja a la emancipación política.

En el III Congreso de la AIT, celebrado en Bruselas en 1867, participó un español, el maquinista catalán Marsal Anglora, con el seudónimo de «Sarro Magallán» para no ser identificado por las fuerzas del orden de España, donde todavía reinaba Isabel II con Gobiernos cada vez más represivos que provocarían la Revolución de 1868, con el general José Prim i Prats a la cabeza y el destronamiento de la reina borbona.

La proclamación en España de otra monarquía con Amadeo I, de la Casa de Saboya, y la nueva Constitución de 1869 posibilitaron una mayor libertad de las asociaciones obreras españolas, que acabarían en 1873 con la derrota de la I República. Al IV Congreso de Basilea de 1869 ya asistió toda una delegación española, aunque la Internacional en España no consiguió, en sus inicios, una expansión alta y la mayoría de las agrupaciones obreras seguían defendiendo reivindicaciones corporativas de mejoras salariales. En el siglo XIX, habían surgido en Cataluña algunas asociaciones de resistencia que hacían suyas ideas de Fourier y de Proudhon, cuyas obras principales fueron traducidas al español por el republicano federal Francesc Pi i Margall, quien fue durante poco tiempo presidente de la I República española en 1873.

Hasta 1840, en que se constituyó en Cataluña la principal zona industrial del país, la Sociedad de Mutua Protección de Tejedores del Algodón, no se tiene constancia de la existencia de una organización obrera con fines reivindicativos en toda España. Sin embargo, pronto sería ilegalizada al enfrentarse con los patronos y defender la instauración de la república. Las noticias sobre la Revolución de 1848 en diversos países de Europa hicieron que uno de los gobernantes más influyentes de la época, el general Ramón María Narváez, representante del moderantismo liberal español, desencadenara una mayor represión de las asociaciones obreras, que pasaron a la clandestinidad. Solo se mantuvieron las que tenían un carácter mutualista, también llamadas «de socorro mutuo», cuya finalidad era ayudar a los trabajadores enfermos o en el paro, algo que, por supuesto, en aquella época el Estado no cubría.

En el Congreso de Basilea de 1869 surgirá la primera polémica importante entre Marx y uno de los fundadores del movimiento anarquista, el ruso Mijaíl Bakunin, al proponer este que se aboliera la herencia, algo que Marx consideraba descabellado en la estrategia de las reivindicaciones del movimiento obrero. A partir de entonces, la AIT entró en una dinámica de enfrentamiento, como comentaría el sindicalista español Anselmo Lorenzo quien, en 1871, se trasladó a Londres, donde conoció a Marx en una conferencia de la Internacional y acusó al ruso Mijaíl Bakunin de mantener una organización clandestina, la Alianza, al margen de la Internacional, para hacer proselitismo de su concepción revolucionaria.

Las disidencias entre marxistas y anarquistas llevaron a la desaparición de la AIT. En el Congreso de La Haya de 1872, los que defendían los planteamientos marxistas propusieron la creación de organizaciones políticas obreras que compitieran en el sistema parlamentario liberal y contribuyeran a proponer leyes que favorecieran la conciencia de clase obrera. Los socialistas libertarios o anarquistas no aceptaron la resolución y crearon otra Internacional, la llamada «de Saint Imier» o «Internacional Antiautoritaria», que se atribuyó la herencia de la fundada en 1864, y continuó con sus congresos hasta 1877. En cambio, la marxista acabó estableciendo su Consejo General en Nueva York y se extinguió en 1876.

DOS FORMAS DE ENTENDER LA FUTURA SOCIEDAD SOCIALISTA: BAKUNIN Y KROPOTKIN VERSUS MARX. LA COMUNA DE PARÍS COMO SÍMBOLO

La ansiada unión de todos los proletarios que pretendían cambiar el capitalismo no se produjo. El socialismo marxista tuvo la competencia del socialismo o comunismo libertario, conocido también por «anarquismo», cuyas pugnas se iniciaron en la I Internacional. El movimiento obrero en Francia, España, Suecia, Italia, Rusia y algunos países sudamericanos como Argentina, Cuba, México, Perú y Uruguay fue controlado, en competencia con los socialistas, por los anarcosindicalistas que rechazaban la participación política de la clase obrera y cuyos militantes procedían, en su mayor parte, de la cultura anarquista o sindicalista revolucionaria y, aunque podían admitir algunas de las propuestas y análisis de Marx, en ningún caso asumieron la formación de partidos socialistas para competir en las elecciones parlamentarias. Su fuerza duró hasta la I Guerra Mundial (1914-1918), excepto en España, en que, a través de la Confederación Nacional del Trabajo (CNT), creada en 1911, y los distintos grupos anarquistas, constituidos por un número reducido, que se esparcieron por todo el país, mantuvieron una presencia sindical y social importante hasta 1939, año en que terminará la Guerra Civil. En noviembre de 1936, con la sublevación militar encabezada por Francisco Franco ya empezada, cuatro anarquistas aceptaron ser ministros en el Gobierno de la II República, presidido por el socialista Francisco Largo Caballero. Fue todo un símbolo de la pérdida de una de sus características ideológicas más señalada, la abolición de los Gobiernos y los Estados, que había influido en varios sectores sociales, obreros principalmente, desde la AIT, como alternativa a la interpretación y estrategia marxista de los procesos sociales.

Bakunin es considerado el fundador del movimiento anarquista, aunque estos defendieran que el anarquismo tiene sus raíces en toda la historia de la humanidad, es decir, en todos aquellos que lucharon contra la autoridad erigida porque la naturaleza humana ha sido pervertida por la autoridad de los Gobiernos y de los Estados. No fue un teórico importante, aunque escribió artículos, folletos y libros, exponiendo sus ideas sobre la abolición de toda autoridad. Destacó por su gran capacidad conspirativa y por crear sociedades secretas, compuestas por un grupo de adictos, para provocar insurrecciones, porque estaba más preocupado por la agitación social que por las

41

alternativas para construir una sociedad sin Estado, y en esto se dejaba llevar por las ideas colectivistas de Proudhon. Lo más importante para Bakunin, que incluso participó en varios intentos insurreccionales en distintas ciudades europeas, era la acción: destruir la organización política, la autoridad de los Gobiernos o las Iglesias, que eran los principales soportes del capitalismo, y causa primera de las injusticias sociales.

Tenía como lema: «El aliento de la destrucción es un aliento creador». Afirmaba Bakunin que destruyendo las instituciones podían abolirse las clases privilegiadas del capitalismo; alentó el movimiento paneslavista con la idea de unir a todos los pueblos eslavos dispersos bajo el dominio de alemanes, rusos, o austriacos; fletó incluso un barco para luchar por la independencia de Polonia, país cuya reunificación consideraba debería darse mediante una federación de pueblos libres; y, en el caso de Rusia, consideró que sería el campesino el protagonista de los cambios revolucionarios. Marx pensaba, en tanto que alemán, que los pueblos eslavos estaban atrasados y representaban un peligro para la revolución socialista. Más bien apoyarían la contrarrevolución, como lo hicieron los eslavos que vivían en el Imperio Austrohúngaro en 1848, porque tenían en Rusia su modelo de Estado. Eran contrarios a los nuevos tiempos, por su atraso económico y su desvinculación de las reivindicaciones proletarias. Para Marx la revolución no podía protagonizarla más que el proletariado industrial, mientras el campesino era una parte subsidiaria de la clase obrera incapaz de movilizarse por sí mismo, y, de hecho, se alegró de la derrota de Francia en la Guerra Franco-prusiana de 1870 porque creía que así, con mayor rapidez, se desarrollaría la conciencia de clase de los trabajadores alemanes, los más avanzados en el trabajo industrial de la Europa continental.

Bakunin no compartía estos análisis y se enfrentó a Marx. Lo mismo ocurrió con la visión que tuvieron ambos de los sucesos de la Comuna de París, iniciada el 18 de marzo de 1871. Las clases populares parisinas se rebelaron contra los políticos reunidos en la Asamblea Nacional, después de la capitulación frente a Prusia tras la derrota en la Guerra Franco-prusiana, y proclamaron la Comuna. Se constituyó un Consejo revolucionario formado por una gama muy variada de sectores: republicanos radicales, antiguos jacobinos, mutualistas, anarquistas, socialistas... Creó la milicia nacional, entregó a los trabajadores los talleres abandonados y propuso nacionalizar las grandes empresas. El 27 de mayo de 1871, Adolphe Thiers, el nuevo hombre fuerte de la política francesa, que establecería la III República después de la huida del emperador Napoleón III con la ayuda de las tropas alemanas acampadas en las afueras de París, disolvió por la fuerza la Comuna, y los *communards* fueron aplastados. La represión fue cruenta e intensa y se calcula que murieron más de 17 000 personas y 45 000 serían procesados.

Los Gobiernos europeos vieron en la Comuna un ejemplo de lo que podía suponer la revolución social y se prestaron, con el mayor ahínco, a reprimir a los internacionalistas. Marx la consideró el primer caso de poder obrero y un estímulo para extender la Internacional reforzando la centralización de los poderes de su Consejo General, algo que rechazaba Bakunin por ser partidario de la máxima descentralización. Para él, la lucha de los *communards* fue un ejemplo de posiciones antiautoritarias ante los poderes políticos y un antecedente de la sociedad libertaria. Más tarde, el líder de los bolcheviques

Miembros de la Comuna en la calle Saint-Sébastien de Paris.

rusos, Lenin, afirmaría que en ella se había practicado ya la dictadura del proletariado.

El príncipe Piotr Alexandrovich Kropotkin (1842-1921), miembro de una aristocracia rusa más influyente y poderosa que la de Bakunin, fue el que dio cierta consistencia al anarquismo, y construyó las bases teóricas del comunismo libertario. Combinó durante una parte de su juventud la acción revolucionaria, colaborando en distintas revistas, alentando la insurrección y justificando el terrorismo anarquista, cuando este practicó «la propaganda por la acción», con diversos atentados a personalidades o instituciones que para los anarquistas eran representativas de la explotación capitalista. Sin embargo, Kropotkin se dio cuenta de que las acciones violentas producían una mayor represión y les quitaban apoyo social entre sectores obreros e intelectuales. Incluso muchos libertarios rechazaron estas acciones por considerarlas perjudiciales para la extensión del anarquismo. Vivió posteriormente, después de pasar un tiempo condenado en Francia, una vida tranquila, con la publicación de diversos artículos y libros, en su exilio de Londres y regresó a Rusia después de la revolución de 1917. Fue en sus inicios un buen geógrafo y durante un tiempo investigó las tierras ignotas de Siberia y redactó varios artículos para la *Enciclopedia Británica.* Su figura despertaba simpatía como santón del anarquismo, con una imagen afable. El dirigente del Partido Laborista Independiente británico, Keir Hardier manifestó a principios del siglo XX que «si todos fuéramos Kropotkin, el único sistema posible sería el anarquismo».

Kropotkin defendió el comunismo libertario desde una concepción teórica diferente al marxismo. El elemento clave era cómo la humanidad había caído en la dominación de unos sobre otros, estableciendo aparatos de poder que defendieron a los privilegiados y habían trastocado el orden de la especie humana. Pensaba que la sociedad debía estar en conjunción con el pensamiento científico que cada vez profundizaba más en el conocimiento de todas las facetas de la tierra y sus habitantes. Pretendía fundamentar el cambio social en la ciencia, en la biología y en la física principalmente. El progreso se conseguía por la superación de los conflictos y no por la síntesis dialéctica que Marx predicaba.

La naturaleza es la que determina los procesos naturales y sociales para Kropotkin. Cada elemento del universo tiene su propia manera intrínseca de comportarse. La lucha por la existencia había sido el eje de la supervivencia y desde ella da una interpretación de Darwin que algunos habían traducido como la supervivencia de los más aptos en la sociedad. Su trabajo enlaza con la obra de William Godwin y propondrá «el apoyo mutuo», igual que los animales de una misma especie se protegen a través de la cooperación o como puede apreciarse en muchos pueblos primitivos. Parte de la colectivización de todos los medios de producción y los bienes obtenidos y considera que no habrá distinciones salariales según la actividad desarrollada. Creía que muchas de las cosas producidas por el capitalismo eran innecesarias y podía vivirse con más sobriedad en comunas independientes que tenían que tener una extensión parecida a algunos de los estados de Estados Unidos, sin necesidad de Gobiernos, proporcionando a todos sus necesidades básicas porque cualquier distinción conduce a la desigualdad. Y sobre todo entendía que la historia no está regida por la lucha de clases ni el proletariado es la vanguardia que haya de eliminar todas las injusticias. Los privilegiados son aquellos que han establecido la autoridad sobre los demás en cualquier tiempo y circunstancias, y para alcanzar la justicia social era necesario destruir el poder de los Estados, que requiere un territorio, un Ejército y una burocracia. De igual manera que en la historia de la humanidad ha existido la pugna entre los instintos destructivos y la solidaridad. Y aunque los obreros sean los más perjudicados del sistema ello no obsta para que cualquier persona de otras clases sociales pudiera tener conciencia de la situación y luchar también por el cambio de las condiciones de vida que había traído la industrialización porque ello va implícito en la naturaleza humana donde ha habido una lucha constante entre el bien y el mal, entre los que aspiran a instalar la naturaleza cooperativa y aquellos que se han refugiado en el Estado para mantener sus privilegios y cercenar la

Piotr Kropotkin, principal teórico del anarcocomunismo. Fotografía tomada por Gaspard-Félix Tournachon, conocido como Nadar.

libertad. Pero cada vez es mayor la tendencia a la revolución que reconduzca a las sociedades al apoyo mutuo, suprimiendo la distinción entre campo y ciudad, logrando la simbiosis entre industria y agricultura.

EL SOCIALISMO CRISTIANO

En el siglo XIX, el término «socialismo» no solo abarcó al marxismo o, en todo caso, al anarquismo, que fueron las ideologías más significativas del movimiento político y sindical que se creó a finales del siglo XIX y se expansionó en el XX. También existieron grupos que desde el cristianismo, en todas sus versiones, católicos, protestantes y ortodoxos, utilizaron el término para definir un planteamiento contrario al capitalismo desde la

47

Frederick Denison Maurice (fotografía tomada por Samuel Laurence) fue uno de los fundadores del socialismo cristiano.

concepción cristiana. Así, entre 1848 y 1854 figuras como F. D. Maurice (1805-1872) y el pastor anglicano J. M. Ludlow establecieron un grupo para entresacar de La Biblia elementos que sustentaran la colectivización de la propiedad. Maurice propugnó asociaciones obreras cristianas en Londres. Y en 1877 Stewart Headlam fundó el gremio de San Mateo. Pero fue en 1889 cuando se organizó la Unión Cristiana Social, cuya figura más destacada fue B. F. Westcott (1825-1901), que era un católico liberal.

Fue en 1906 cuando se creó La liga de la Iglesia Socialista, de base anglicana, que propuso la abolición de la propiedad y la producción colectivista. En Francia también surgieron grupos que se plantearon las condiciones de los trabajadores y propuestas cooperativas. La figura de Fourier, que no era religioso, influyó en algunos católicos por su idea de la «armonía social». En Alemania, un obispo, Von Ketteler de Maguncia (1811-1877), se opuso al capitalismo y propugnó las cooperativas de producción y consumo impulsadas por cristianos. La encíclica de León XIII *Rerum novarum* (1891) asumió un catolicismo social dirigido a los trabajadores, rechazando el capitalismo y el socialismo marxista, y contribuyendo a fomentar los círculos y sindicatos católicos que en algunas zonas de Alemania, Bélgica, y España hicieron la competencia al sindicalismo socialista o anarquista. En el siglo XX, algunos teólogos pretendieron enlazar el marxismo con el cristianismo. La actitud católico-social implica una conciencia del problema social que va más allá de la beneficencia y la caridad. Es el proceso que lleva a descubrir las exigencias de la justicia social, además del deber moral de la caridad.

2

Los socialistas intentan cambiar el mundo extendiendo la revolución: La II Internacional

LA SEGUNDA GENERACIÓN DE LA REVOLUCIÓN INDUSTRIAL

A finales del siglo XIX, la Revolución Industrial había iniciado una nueva etapa en los países occidentales desarrollados. No solo la expansión del ferrocarril, la construcción de nuevas carreteras y los barcos movidos por el vapor habían posibilitado el intercambio de personas y mercancías sino que comenzaban a aparecer nuevas fuentes de energía que alterarían los mecanismos de producción (el petróleo, el gas, la electricidad), y nuevos materiales, como el acero, que servirían para construir las nuevas maquinarias de las grandes empresas. En el mismo camino, las fábricas adquirieron una dimensión mucho mayor. Desde el siglo XVIII, la convivencia entre la manufactura y las grandes concentraciones industriales

JAVIER PANIAGUA

había sido la tónica habitual hasta principios del siglo xx, de tal forma que el pequeño taller, el trabajador experto con su herramienta continuaba perviviendo —en muchos países era mayoritario— junto a las nuevas naves, de tal manera que los trabajadores mecanizados eran muy escasos o inexistentes en los albores de esta segunda revolución industrial. Se ensalzaba la figura del empresario emprendedor y solitario, honesto, que introducía innovaciones técnicas y daba un impulso a la industrialización, como se ha interpretado la obra de Daniel Defoe (1660-1731) sobre Robinson Crusoe.

Las empresas adquirían nuevas formas organizativas a través de las sociedades anónimas con fines industriales, junto a potentes grupos financieros que impusieron su sistema monetario basado en el patrón oro. Al tiempo, el Estado intervenía cada vez más en el control de la organización social y económica de sus países donde el librecambismo iba dando paso al proteccionismo.

Alemania comenzó a despuntar como gran potencia después de su unificación en 1870. Prusia había sido el motor político del nacionalismo alemán y lo sería también en la economía. La tutela estatal en la promoción industrial fue un elemento diferenciador del modelo británico. Muchos empresarios alemanes enviaban a Gran Bretaña a sus hijos a aprender las nuevas tecnologías y los métodos productivos. Es lo que hizo el padre de Friedrich Engels, el amigo inseparable de Marx, que residió en Inglaterra para conocer las innovaciones de los telares para la industria textil. Un analista de la época, Robert von Mohl, señalaba en 1837 que era imprescindible para el progreso industrial alemán, al no ser posible estudiar y trabajar al mismo tiempo, liberar a una serie de obreros seleccionados y hacerlos ingresar en un establecimiento de enseñanza, otorgándoles becas que pudieran cubrir sus necesidades y la de sus familias para aprender, de esa forma, las nuevas técnicas, proporcionándoles después algún capital que les permitiera iniciar su propia empresa. Es significativo que la industria metalúrgica, que tuvo una gran expansión en Westfalia, en Renania y en la Alta Silesia, obtuviera en la «Fundación Real» de Berlín su desarrollo más notable y fuera calificada como precursora de todas las industrias que producen herramientas mecánicas, motores para las fábricas y manufacturas de Berlín y de gran parte del resto de Alemania.

Francia presentaba una estructura peculiar, con un fuerte arraigo de los medianos propietarios agrícolas (la agricultura asumía el 44% de la población activa) y un entramado de talleres que no alcanzaban las dimensiones de las fabricas donde se concentraban muchos trabajadores reunidos en un mismo espacio. No existían grandes aglomeraciones urbanas, salvo París por su especial característica de ser el centro administrativo de un país fuertemente centralizado, donde solo quince ciudades pasaban de los cien mil habitantes. Pero desde 1880 hasta la I Guerra Mundial el crecimiento industrial se aceleró de manera notable con tasas que superaban el 6% anual.

Otros países europeos iban a la zaga de las tres potencias, y en algunos de ellos también se desarrolló una industria floreciente en determinadas zonas como en el caso de Italia, en la zona del Piamonte, entre Milán, Turín y Génova, que sería el motor de la unificación italiana. España, más atrasada, tuvo zonas como Cataluña y el País Vasco donde evolucionó una industria metalúrgica y textil en una sociedad donde el predominio agrario era hegemónico, y el atraso social y educativo abarcaba a la mayor parte de la población. Algo similar ocurría en

Rusia, que era un conglomerado de etnias, que en aquella época tenía 22 millones de kilómetros cuadrados de extensión, donde los siervos tardaron en ser liberados de su vinculación a la tierra dominada por los grandes propietarios, y el régimen político estaba basado en una autocracia en la punta de cuya pirámide estaba el zar y su corte. Otros Estados como Dinamarca, Suiza, Suecia, Noruega u Holanda dieron también un paso hacia la industrialización basada, en muchos casos, en la agroindustria y en las reservas de minerales y su economía despegó entre 1870 y 1915. Holanda comenzó a invertir en sectores nuevos como la electricidad. En Europa central predominaban los grandes propietarios con un campesino proletarizado como mano de obra empleada para las faenas del campo en unas condiciones de penuria. En Bulgaria, Rumanía, Hungría o Serbia, por ejemplo, más del 85% de la población activa vivía del trabajo en el campo como jornaleros o aparceros, con su fuerza de trabajo, ya que la mecanización era prácticamente inexistente. Solo en Chequia despuntaba una actividad comercial en torno a Praga y una cierta industria dependiente de la demanda alemana.

En general, Europa experimentó un crecimiento de la población que pasó de 270 millones en 1850 a 450 en 1900. Las tasas de fertilidad y de mortalidad disminuyeron, aunque entre las clases trabajadoras el índice de mortalidad infantil era mayor y tenían un índice de vida menor que las clases medias y altas y padecían las epidemias que a finales del siglo XIX diezmaron en muchas ciudades la población por la extensión de plagas como la tuberculosis o el cólera.

Los Estados Unidos de América emprenderían un desarrollo acelerado con la expansión hacia el oeste, con una fuerte emigración europea que centraba en aquel inmenso país sus expectativas de mejorar sus vidas. A principios del siglo XX pocos eran los que creían que se convertiría en la primera potencia del mundo, pero el desarrollo era imparable, ocupando tierras casi inhabitadas, u ocupadas por tribus indígenas.

En cambio, en los países de Sudamérica, que habían conseguido su independencia a principios del siglo XIX, la situación era diferente. En general, eran exportadores de materias primas agrícolas o minerales que en muchos casos favorecieron el desarrollo de unas clases sociales poderosas, oligárquicas, que controlaban el poder político concentrado en las grandes ciudades, pero con una débil estructura de los elementos que configuran el poder de los Estados donde el Ejército era la fuerza más potente. Los desequilibrios sociales y económicos desde finales del siglo XIX fueron cada vez más intensos, lo que provocaba una permanente inestabilidad política. Desde finales del siglo XIX, Estados Unidos fue sustituyendo a las potencias europeas en el control económico y político haciendo cada vez más cierta la doctrina del sexto presidente norteamericano, James Monroe (1758-1823), quien con el lema de «América para los americanos» resumía que los europeos no podían mantener ya ningún control sobre el continente ni extender su influencia política porque ello sería causa de conflicto y de destrucción de la paz americana. Sin embargo, los emigrantes europeos, españoles e italianos principalmente, que desde finales del siglo XIX fueron instalándose en países como Argentina, Cuba, Brasil, Perú, Venezuela o Colombia, en los comportamientos sindicales y políticos, aunque cada vez más presionados por Estados Unidos. Entre 1870 y 1930 se produciría la integración de la economía latinoamericana en los circuitos comerciales internacionales con la exportación de materias primas a los países europeos y Estados Unidos.

Asia y África eran espacios que comenzaron a ser explorados en toda su dimensión en el siglo XIX, aunque países como Gran Bretaña o Francia ya habían iniciado contactos en siglos anteriores, principalmente en el XVIII, cuando el Estado sustituyó a las antiguas compañías mercantiles, como hizo el Gobierno británico controlando la Compañía de las Indias Orientales, cuyas posesiones pasaron a la corona, administradas por un virrey. Las compañías francesas fueron eliminadas por la Revolución Francesa (1789-1815) y el Gobierno asumió directamente la administración de los territorios. Acabó así con su monopolio y practicó la economía colonial que se mantuvo, en líneas generales, hasta la II Guerra Mundial. La India proporcionaba materias primas para ser utilizadas en la industria textil británica, aunque la inversión de capitales en la colonia era muy exigua. El sudeste asiático fue ocupado por franceses, ingleses y holandeses. Y China, con una cultura ancestral propia, se veía obligada a comerciar con los occidentales y mantener enclaves en sus territorios a pesar de la oposición de una mayoría de sus habitantes, pero la superioridad técnica europea se impuso a las revueltas chinas. Las «guerras del opio», así denominamos los distintos enfrentamientos que los chinos promovieron ante la invasión comercial extranjera, se resolvieron en su contra con la constitución de un Ejército internacional que acabó con las revueltas. China se vio obligada a aceptar la presencia de tropas extranjeras en su territorio para defender la presencia de las legaciones, así como diversas concesiones aduaneras y la entrada de las inversiones

Trabajadores de la caña de azúcar en Brasil.

de los países occidentales en la construcción de ferrocarriles y otros negocios. No ocurrió lo mismo en Japón, donde con la revolución Meijí se inició en 1868 una etapa de Gobiernos ilustrados que fortaleció la figura del emperador y eliminó el poder de los sogunes o alta nobleza que controlaban el poder en la isla. Japón supo conciliar, ante la intromisión de europeos y norteamericanos, sus tradiciones culturales con una asimilación de la tecnología occidental a la vez que desarrollaba un fuerte poder militar con el que consiguió derrotar a China y Rusia en 1875 y en 1902.

Algo parecido aconteció en el continente africano, cuyas tierras, a comienzos del siglo XIX, permanecían, en su mayoría, inexploradas. Era, como se señalaba en los mapas, *terra incognita* y resultaba un territorio atractivo para la exploración de misioneros, hombres de negocios en busca de materias primas, o aventureros, como el doctor David Livingstone y Henry Morton Stanley que, como periodista, fue en 1871 en búsqueda del médico y lo encontró en el lago Tanganica. Este desconocimiento daría lugar a una división arbitraria entre las potencias europeas de las tierras africanas que después de la II Guerra Mundial se convertirían en Estados que padecerían las rivalidades étnicas, que desembocarían en crueles guerras con millones de muertos. Con la conquista militar francesa de Sudán por Francia en 1879 y la ocupación británica de Egipto comenzó la reivindicación de los europeos sobre África, que constituiría fuente de conflictos permanentes.

El canciller alemán Bismarck propició, entre 1884 y 1885 la Conferencia de Berlín, primera de una serie que se celebrarían con posterioridad, que intentó dar una solución racional al reparto del territorio. Pero todas las reuniones acababan en declaraciones de buenas intenciones, sin ningún resultado efectivo y las rivalidades se convertían en conflictos armados, como la dura guerra que Gran Bretaña sostuvo contra los colonos holandeses, los Boers de Sudáfrica, entre 1898 y 1902, que acabó imponiendo el dominio británico sobre el territorio. Comenzó así una etapa en que la libertad comercial, tan proclamada por los liberales librecambistas, empezó a ser cuestionada, y los Estados que estaban desarrollando una industrialización intensa empezaron a imponer aranceles a los productos importados.

LA FORMACIÓN DE LOS PARTIDOS SOCIALISTAS

Europa

En este contexto nacerán los partidos socialistas en la mayoría de los países europeos para ir extendiéndose, con características propias, al resto de continentes. Habían hecho su aparición unos obreros que ya no controlaban todo el proceso de producción.

Existía tradición de lucha obrera, como había demostrado la I Internacional. La derrota de la Comuna de París en 1871 dejó extenuado al movimiento obrero durante un tiempo. La persecución emprendida por los Gobiernos para evitar que en sus países otros *communards* pudieran repetir la experiencia provocó que los líderes o pensadores revolucionarios se refugiaran en la clandestinidad o acabaran en la cárcel procesados por las leyes que se fueron imponiendo contra quienes, supuestamente, estaban dispuestos a organizar a los trabajadores para demandar unas mejores condiciones de vida o establecer otra sociedad alternativa al capitalismo.

Los anarquistas se dispersaron en distintos grupos y fueron perdiendo influencia en el movimiento obrero, aunque no siempre con la misma intensidad. En Francia contribuyeron a la creación del sindicalismo revolucionario y en España tuvieron, como en algunos países de Iberoamérica, la hegemonía en el control de la organización obrera. Fue en Cataluña, la primera región industrial de España, donde nació la Confederación Nacional del Trabajo (CNT) que compitió en otras regiones con la socialista UGT y controló gran parte de la evolución de la organización obrera hasta los años 30 del siglo xx. Dentro del «cenetismo» no existió ni una doctrina ni una estrategia única, y por ello sufrió enfrentamientos y escisiones, porque para unos su proyecto consistía en proclamar la sociedad libertaria, mientras para otros se trataba de superar, a través del sindicalismo revolucionario o anarcosindicalismo, los enfrentamientos teóricos y tácticos que habían provocado las disputas entre Marx y Bakunin. El sindicalismo pretendía representar la síntesis de ambas corrientes puesto que asumía parte del discurso marxista de la lucha de clases, así como los procesos de la dialéctica histórica que Marx explicaba y que acabaría irremisiblemente en la desaparición del capitalismo.

El primer gran partido socialista surgió en Alemania, donde la proporción de obreros industriales había aumentado a un ritmo considerable entre 1880 y 1895, y pasarían de más de siete millones a superar los diez, muchos de ellos concentrados en grandes centros fabriles. En 1875 se fundó el Partido Socialdemócrata Alemán *(Sozialdemokratischen Partei Deutschlands,* SPD), fruto de la unión de las dos principales tendencias que caracterizaron el movimiento socialista germano. El denominado «Congreso de Ghota» llegó a un acuerdo con la asociación alemana de Ferdinand Lassalle —cuyo verdadero apellido era Lasall pero lo afrancesó porque, tal vez, pensó que así resultaría más revolucionario—. Provenía de la nueva burguesía industrial de Breslau y se convirtió en un revolucionario más que en un teórico del socialismo. Tenía una personalidad peculiar, con modales aristocráticos, heredados posiblemente de su familia, y un convencimiento de la necesidad moral de derrotar al capitalismo que le hizo dedicarse enteramente, con el dinero que su padre le enviaba para su sustento, a concienciar a los obreros para que destruyeran la sociedad capitalista. Creó en 1863 la primera organización política alemana, la Asociación General de Trabajadores. Marx criticó con dureza su análisis sobre la «ley del bronce de los salarios», en la que Lassalle defendía que estos siempre estarían en un nivel de subsistencia y que su oscilación dependía de la demanda de trabajo por los propietarios de los bienes de producción. Aplicó la teoría de Malthus a los jornales de los trabajadores ya que todo aumento de los mismos suponía un crecimiento demográfico que con el tiempo los haría descender porque la oferta de personal dispuesto a emplearse era mayor, y de nuevo se iniciaría el ciclo: salarios incluso por debajo del nivel de subsistencia que harían disminuir la población.

Marx le rebatió la idea alegando que entonces era innecesario cualquier tipo de lucha obrera por conseguir mejoras en sus condiciones laborales y por tanto no tenía sentido la acción de los sindicatos, que Lassalle consideraba ineficaces. Lassalle creía que Prusia había de convertirse en el motor de la unificación de Alemania, algo que chocaba con el internacionalismo marxista, y además

Marx creía, al contrario de Lassalle, que los sindicatos debían tener un papel importante en las reivindicaciones por la mejora de la vida de los trabajadores. Y tampoco confiaba excesivamente, como hacía Lassalle, en que el sufragio universal pudiera otorgar el poder a la clase obrera. El Estado era, según Marx, el producto de la dominación de la burguesía y su estructura no parecía que pudiera ser cambiada por el triunfo de los trabajadores en las urnas. Para él los derechos políticos eran solo un mecanismo para hacer progresar la revolución proletaria.

Por ello Marx fue muy crítico con los acuerdos del congreso fundacional de los socialistas alemanes. En su folleto *Crítica al programa de Gotha* repudiaba la tesis de Lassalle de que frente a la clase obrera todas las demás no son más que una masa reaccionaria. Si en Alemania, argumentaba Marx, la pequeña burguesía democrática pertenecía a esta masa reaccionaria ¿cómo podría el Partido Obrero Socialdemócrata haber marchado, hombro con hombro, con ella, con el Partido Popular, durante varios años? Y además los «lassallanianos» renegaban, por aquel entonces, del principio internacionalista del movimiento obrero en el que Marx creía fervientemente.

Posiblemente la muerte de Lassalle en un duelo en 1864, producto de su carácter apasionado, facilitó las cosas para que la otra rama del movimiento socialista alemán, la Unión de Trabajadores Alemanes, se convirtiera en hegemónica. Impulsada, principalmente, por Bebel y apoyada por Wilhelm Liebknecht. Este, que era de familia de intelectuales y su amigo, participó en las revueltas de 1848 y tuvo que exiliarse a Suiza e Inglaterra hasta 1863, donde conoció a Marx y se hizo ferviente seguidor suyo manteniendo el contacto con él hasta su muerte en 1883. En cambio, August Bebel era un obrero ilustrado, carpintero, que nació en Colonia y quedó pronto huérfano, al cuidado de sus tíos. Wilhelm Liebknecht le ayudó en su formación enseñándole los fundamentos del movimiento marxista. Ambos fundaron un tándem que duraría hasta el final de sus vidas y encauzarían el socialismo alemán desde la concepción del pensamiento marxista. Bebel comenzó en Leipzig, en 1861, su actividad organizativa de los obreros de la ciudad y en un Congreso en Eisenach fundó el Partido Socialdemócrata de los Trabajadores, con los miembros de la Unión. Luchó contra las leyes antisocialistas (prohibición de reuniones y de difusión de prensa y disolución de sus asociaciones) promulgadas por Bismark en 1878, quien simpatizaba, por su nacionalismo prusiano, con Lassalle. Aquella legislación no consiguió frenar la expansión del socialismo y en 1890, año en que Bismarck fue sustituido como canciller, se aceptó el sufragio universal masculino para el Reichstag, la cámara parlamentaria constituida después de la unificación alemana, y los socialistas consiguieron treinta y cinco escaños.

En el Congreso de los socialdemócratas alemanes, (Erfurt, 1891), uno de los más brillantes teóricos del socialismo alemán, Karl Kautsky, buen conocedor del marxismo, se encargó de redactar un programa que encajaba con las tesis marxistas. Se recalcaba el internacionalismo proletario y la socialización de los medios de producción así como el objetivo de conquistar el poder obrero, al tiempo que se proponía una serie de medidas legislativas concretas para mejorar las condiciones de los trabajadores, lo que permitía una vía reformista, tales como una reforma fiscal, la prohibición del trabajo para los menores de catorce años, la extensión del sufragio universal para las mujeres prusianas, la enseñanza laica y la lucha por la jornada de ocho horas.

El Partido Socialdemócrata Alemán (SPD) sirvió como modelo, entre 1885 y 1890, para otros surgidos en países europeos, como el Partido Socialdemócrata austriaco, húngaro, suizo o belga, pero nunca alcanzaron, en aquella época, la fuerza de los alemanes, en parte porque su desarrollo económico no tenía la consistencia de Alemania y porque las restricciones legales contra los socialistas duraron más tiempo en estos países. El sufragio universal masculino no se introdujo en la monarquía dual del Imperio Austro-húngaro hasta 1907, en la primera, y 1918, en la segunda.

Los casos de Francia, Italia y España merecen un tratamiento aparte. Los franceses tardaron en reconstruir un movimiento socialista cohesionado, especialmente después de la dura represión que se desató durante la III República contra los participantes o defensores de la Comuna de París. Fue en 1879 cuando se fundó en Marsella un partido socialista marxista, el Partit Ouvrier Français (POF), después de una larga disputa con los anarquistas. Su líder fue Jules Guesde, hombre de clase media ilustrada, periodista y agitador revolucionario que fue primero libertario y estuvo exiliado por su defensa de la Comuna en la prensa. Contactó con Marx en Londres y aceptó sus tesis, entablando amistad con su yerno, Paul Lafargue. Sin embargo, el socialismo francés de Guesde tendría dificultades para cuajar como única opción del movimiento obrero, en un país donde la agricultura y los pequeños talleres, como se ha destacado, tenían todavía un fuerte arraigo. Un militante del POF, Paul Brousse (1854-1912), se inclinó por tesis menos doctrinarias que las de Guesde, alejadas de Marx, y planteó un socialismo más reformista, capaz de negociar con el Gobierno mejoras laborales. Su socialismo «posibilista» entró en conflicto con el partido al proponer la colaboración con otros partidos de la III República, pero le surgiría una escisión por la acción de uno de los pocos obreros que se implicaron con el socialismo, Jean Allemane, tipógrafo y combatiente de la Comuna, y cuya principal preocupación era la implantación socialista en los municipios. De este grupo saldrían muchos de los dirigentes del sindicalismo revolucionario que abogaban por la huelga general revolucionaria. Pero, además, ejercía cierta influencia la figura de Auguste Blanqui, ya envejecido, que conectaba con el espíritu revolucionario de 1848, y fundó un Comité Revolucionario en 1881. Le sucedió a su muerte Edouard Vaillant, estudiante de medicina, que cambió el nombre del «Comité Revolucionario» por el de «Partido Socialista Revolucionario» y fue elegido concejal de Paris en 1884. Toda esta división retrasó la evolución del movimiento socialista francés y su presencia en la Asamblea francesa fue testimonial: en 1889 solo había siete socialistas, de todas las tendencias (cuatro guesdistas). Mayor éxito tuvo en las elecciones generales de 1893 donde salieron elegidos 16, a los que se unieron algunos parlamentarios «radicales», uno de los cuales, Alexander Millerand, entró por primera vez en el Gobierno de la III República en 1899, con la pretensión de defender un socialismo reformista que influyera en la legislación a favor de la clase obrera. De hecho, sus propuestas serán tomadas en cuenta en el Congreso de la unidad, en 1905, que creó la SFIO (Sección Francesa de la Internacional Obrera). Fue a partir de entonces cuando comenzó a despuntar la figura de Jean Jaurés, profesor de la Universidad de Toulouse, proveniente del republicanismo radical, quien se convertiría hasta su asesinato en 1914, antes de estallar la I Guerra Mundial, en el líder de los socialistas franceses.

En Italia el nacimiento de un Partido Socialista Unificado data de 1892, antes había surgido en Génova el Partito dei Lavoratori Italiani, pero su evolución estuvo condicionada por la competencia anarcosindicalista y las divisiones internas entre reformistas y revolucionarios, cuyo principal teórico fue Arturo Labriola, partidario del sindicalismo revolucionario, como se evidenció en los diferentes congresos de principios del siglo XX. En la rama maximalista, opuesta a la anexión de Libia —acción calificada como imperialista—, estaba Benito Mussolini, quien fundaría el movimiento fascista. Los reformistas sufrieron la marginación y la expulsión y en 1912 fundarían el Partido Socialista Reformista Italiano.

El socialismo ruso tenía, por su parte, a Yuri Plejanov como principal figura. Hijo de un pequeño propietario agrícola, conocedor de las obras de Marx y Engels que se tradujeron en Rusia a finales del siglo XIX, redactó un prólogo al texto en ruso de *El Manifiesto comunista*. Era partidario de la occidentalización del socialismo en unas condiciones de continuas persecuciones y exilios, sobre todo a partir del asesinato del zar Alejandro II en 1881. Tenía la competencia de los movimientos populistas, anarquistas y nihilistas que, en algunos casos, desarrollaron organizaciones terroristas minoritarias en una sociedad represiva controlada autocráticamente por el zar y su corte. Plejanov creía en la esperanza de una evolución democrática, con el apoyo de los obreros de las grandes ciudades, como paso previo al triunfo del socialismo y desechaba las posiciones terroristas y radicales.

La singularidad del laborismo inglés

Gran Bretaña, la nación más industrializada de la época, y el país donde residió la mayor parte de su vida Marx (allí está enterrado, en el cementerio londinense de Highgate), no tuvo un partido socialista del mismo corte que los de la Europa continental. El movimiento cartista, primero, exigiendo igualdad de derechos políticos para todos los ciudadanos (varones) y, después, el trabajo de las asociaciones sindicales de los obreros cualificados marcaron la dinámica del movimiento obrero británico, con escaso interés por la participación política y sin una concepción clara de la lucha de clases en la línea del marxismo. Cuando los obreros no cualificados, como estibadores, albañiles, constructores del ferrocarril o marineros, empezaron a plantear reivindicaciones más radicales ante sus duras condiciones de trabajo comenzó otra etapa en el sindicalismo británico. La agitación se convirtió en un elemento de aglutinación de sectores sociales que iban más allá de las puras reivindicaciones de mejoras laborales.

La primera organización que puede calificarse de «socialista» fue la Federación Social Democrática dirigida por Henry Mayers Hyndman, hombre de grandes recursos económicos, cuya familia había obtenido sus rentas de la compra/venta de esclavos, y él había estudiado en el selecto colegio de Eton. Dedicó gran parte de su tiempo a comentar las tesis marxistas en su libro *Las bases históricas del socialismo* y reunió a un grupo de personalidades de actividades y procedencia ideológica diversa, como sindicalistas, anarquistas, escritores y entre ellos una de las hijas de Marx, Eleonore, que editó parte de las obras de su padre. Pero el más destacado era el escritor y agitador político Williams Morris quien escribió *Noticias de ninguna parte,* publicada en 1890, obra en la que analizaba las perversiones del capitalismo, al que acusaba de imponer unas condiciones de explotación que conducen a un egoísmo cada vez más insolidario. Fundó la Liga Socialista, con la que colaboró Engels, y tuvo cierta influencia entre los anarquistas.

Otro de los grupos que incidiría, de manera relativa, en la configuración del laborismo inglés fue la Sociedad Fabiana, que aglutinaría a un grupo de intelectuales de procedencia diversa y cuyos principales representantes fueron los esposos Sídney y Beatrice Webb que publicaron *Democracia Industrial* (1897) y con los que colaboraron los escritores Bernard Shaw y H.G. Wells. Proponían reformas como la entrega a las comunidades campesinas del suelo, y defendían el papel que los municipios debían protagonizar al socializar los servicios públicos —educación, sanidad, aguas, transportes…—. No está clara la influencia que ejercieron en la formación del Partido Laborista o en el movimiento sindical. Para algunos historiadores fue solo un grupo de amigos intelectuales que apenas incidieron en las luchas obreras, y desde el propio grupo surgieron criticas, como las de Wells, acusándolos de timoratos porque nunca hablaban de socialismo. En realidad, el laborismo tuvo su base en los sindicatos británicos, y de ellos surgiría en primer lugar el Partido Laborista escocés por la iniciativa de un líder minero ilustrado, Keir Hardie, cuyo socialismo estaba más basado en elementos éticos que en el materialismo marxista. En el Congreso sindical de 1883 de las Trade Unions (confederación de sindicatos del Reino Unido) se constituyó el Partido Laborista Independiente, que nunca expresó un carácter socialista en su programa ni tuvo el respaldo de los líderes sindicales tradicionales.

Sin embargo, las condiciones cada vez más complicadas para la acción sindical ocasionadas por la reacción patronal propiciaron que algunos sindicatos se decidieran por la intervención política. Los representantes sindicales de los ferroviarios propusieron en 1899 la formación de un Comité de Representación Laborista para conseguir representación política en el Parlamento, y en él se integraron fabianos y la Federación de Hyndman, aunque después esta se desvinculó cuando no pudo controlarlo. Todos estos movimientos no provocaron mucho entusiasmo en la lucha electoral en un tiempo en que la política británica estaba centrada en la guerra de los Boers en Sudáfrica. Pero cuando en 1901 el sindicato ferroviario se vio obligado, aplicando el Tribunal Supremo leyes de 1871 y 1875, a pagar indemnizaciones en el juicio de Taff Vale por los perjuicios causados por la acción de determinados huelguistas a un empresario, la acción política alcanzó una inusitada dimensión al percatarse de que los conservadores no iban a modificar la legislación. En las elecciones de 1906 fueron elegidos treinta y cinco laboristas, muchos de ellos por la colaboración liberal después del acuerdo a que llegaron William Ewart Gladstone por los liberales y James Ramsey McDonald por el Comité para apoyar candidaturas conjuntas. Fueron ellos los que en el Parlamento fundaron el grupo del Partido Laborista, cuya primera moción fue establecer la irresponsabilidad financiera de los sindicatos por aquellos afiliados que causaran daños y fueran encausados por la vía criminal en las batallas reivindicativas con las empresas.

La fundación del Partido Socialista Obrero Español (PSOE)

Un 2 de mayo de 1879, fiesta nacional entonces en España, en una fonda de la calle Tetuán de Madrid se reunió un grupo de trabajadores, mayoritariamente tipógrafos, afiliados a la Asociación del Arte de Imprimir que tenía como presidente a Pablo Iglesias, y miembros de «La Emancipación» que habían formado parte de la I Internacional y después se separaron de los anarquistas, adhiriéndose a las tesis marxistas. Acudieron también dos médicos, entre los que estaba Jaime Vera, quien tenía un conocimiento somero de las principales tesis del marxismo, y un estudiante de medicina. Este fue de los hombres que más influyeron en la ideología del socialismo español de los primeros tiempos. Propuso la denominación de «Partido Democrático Socialista», sin alusión al término obrero, pero ganó la opción de Iglesias, que deseaba recalcar el carácter obrerista del partido y se convirtió en Partido Socialista Democrático Español para quedarse en PSOE en el Congreso de 1888.

En octubre, otro dirigente de la primera época, Francisco Mora, zapatero de profesión, cuestionó algunos puntos del primer programa redactado, partiendo de sus contactos con los grupos socialistas barceloneses y zaragozanos. Se aceptaron varias de sus propuestas y se introdujeron modificaciones que fueron aprobadas en la sesión del 18 de abril de 1880. Los socialistas españoles criticaron desde el primer momento las posiciones de los republicanos, divididos en diferentes grupos y partidos, a los que les atribuían una colaboración de clase. Manifestaron igualmente que era necesaria una política revolucionaria que transformara la sociedad capitalista, y rechazaron las formas de actuación anarquistas, e incluso, para demostrar que eran más radicales que ellos, se opusieron en un primer momento a participar en las Cortes españolas. Las diferencias entre autoritarios (marxistas) y antiautoritarios (anarquistas) fueron, al principio, puramente tácticas, porque ambos se negaban a entrar en las instituciones que estimaban representaban el poder de la burguesía. Lo hicieron, no obstante, en la Comisión de Reformas Sociales constituida por el Gobierno de la Restauración para estudiar «el problema social» y presidida por el político liberal Segismundo Moret. Jaime Vera presentó, en nombre del PSOE, un informe muy crítico sobre las condiciones de vida de la clase obrera española.

Los socialistas achacaban a los anarquistas que se lanzaran a luchas estériles que hacían perder fuerza a la lucha obrera, y por ello el PSOE consideró que era básico crear una organización potente y disciplinada que interviniera tanto en la acción sindical como en la política, diferenciada de la de los republicanos que hasta entonces contaban con el voto de muchos obreros. Sin embargo, a la altura de 1910 la mayoría de los dirigentes socialistas españoles establecieron una conjunción republicano-socialista para concurrir a las elecciones, gracias a la cual Pablo Iglesias fue el primer socialista en convertirse en diputado. Se le ha achacado al PSOE que, en realidad, conociera las tesis marxistas a través de Guesde pero sin una lectura directa de las obras de Marx. En realidad estuvo durante mucho tiempo controlado por obreros sin una preparación intelectual suficiente, que hicieron un esfuerzo por ilustrarse de forma autodidacta cuando una gran mayoría apenas sabía leer y escribir. Intelectuales, periodistas o

Inauguración de la casa del pueblo de Madrid mientras
Pablo Iglesias se dirige a los militantes del PSOE.

profesores tardaron en vincularse al socialismo y su número fue reducido hasta los años treinta del siglo xx. Precisamente las casas del pueblo, los locales de reunión de los socialistas que fueron extendiéndose por toda España, crearon una cultura alternativa para suplir las deficiencias de un Estado que no era eficaz en la escolarización de la mayoría de la población. Son precisamente los tipógrafos, como Pablo Iglesias, acostumbrados por su trabajo a leer múltiples textos, quienes tenían la posibilidad de alcanzar un conocimiento, poco elaborado, en esos tiempos, de los textos de los teóricos socialistas, e intentaron difundirlo y divulgarlo a través de su órgano principal, *El Socialista* que se consideraba un continuador de *La Emancipación,* que fundaran los partidarios del Marx de la I Internacional cuando se separaron de los bakuninistas. Pablo Iglesias había caminado con su madre a Madrid desde El Ferrol a los nueve años, después de la muerte de su padre, funcionario del Ayuntamiento de la ciudad gallega, mientras su hermano menor, Manuel, había viajado en una carreta, pero moriría de tuberculosis. Ella se colocó como limpiadora en una casa particular y sus hijos fueron admitidos en la Beneficencia de la Diputación de Madrid (Hospicio de San Fernando), donde Iglesias aprendió el oficio. De los veinticinco fundadores del partido, dieciséis eran tipógrafos y creían que había que distinguir entre la acción política y la lucha sindical. El partido se fundó en Barcelona en 1888, aunque pronto trasladó a Madrid sus órganos ejecutivos, la central sindical Unión General de Trabajadores (UGT) que competiría con la CNT por el mismo espacio obrerista y campesino.

Estados Unidos y Latinoamérica

Los historiadores han debatido las causas por las que en Estados Unidos no surgió un partido alternativo a republicanos y demócratas que asumiera, como hicieron los laboristas ingleses, las tesis del socialismo democrático. Ya en 1906 el economista y sociólogo Werner Sombart escribió un ensayo, *¿Por qué no hay socialismo en Estados Unidos?*, en el que concluía que el capitalismo había desarrollado amplias posibilidades de progreso para los obreros que podían aspirar a convertirse en personas con fortuna por su capacidad de iniciativa en un mercado amplio. Esta tesis se ha repetido hasta finales del siglo XX y, además, algunos marxistas han destacado la falta de feudalismo que impidió la conciencia de clase, surgida, en primer lugar, de la burguesía que se desarrolló en el seno de la sociedad feudal, porque nunca existió una aristocracia, como en Europa, distinguida por privilegios sociales y legislativos. También se apunta como causa a la diversidad étnica por la procedencia de los trabajadores estadounidenses, sin una cohesión suficientemente fuerte para potenciar una acción política unificada. Para otros no existen grandes diferencias entre lo que ocurrió en Europa hasta los años 20 y la toma de conciencia obrera en Estados Unidos. Igualmente se destaca también que los marxistas norteamericanos no habían sabido adaptarse a las condiciones sociales del país, diferentes a las europeas.

Sin embargo, junto a un movimiento obrero centrado en la acción sindical, se constituyó en 1901 el Partido Socialista Americano con Eugene Debs como principal líder, quien no tenía un amplio conocimiento del marxismo y entroncaba más con el individualismo

Los EEUU iniciaron su industrialización a finales del siglo XIX.

norteamericano, excluyendo de su proyecto a los negros y a las mujeres. En el periodo entre 1902 y 1912 se produjeron los mejores resultados del socialismo estadounidense, pero fue sobre todo el sindicalismo el que adquirió un papel preponderante en las reivindicaciones obreras.

En Latinoamérica, el socialismo marxista tuvo proyecciones muy distintas según cada país pero creció, principalmente, en las ciudades donde abundaban los inmigrantes y había instituciones políticas con una relativa liberalización como en Argentina y Uruguay, aunque tuvo una fuerte competencia con el anarcosindicalismo y los movimientos populistas, que eran mucho más radicales en sus planteamientos que los partidos socialistas, y en ese sentido no se constituyeron partidos socialistas hegemónicos en la clase obrera como en Eu-

Cartel anunciando la candidatura de Eugene Debs
a la presidencia del país liderando al
Partido Socialista de EEUU en 1904.

ropa. En 1887 se fundó el Partido Demócrata de Chile,
el primero en Latinoamérica con un programa que se declaraba socialista. Posteriormente le siguieron otros: el
Partido Socialista Obrero Argentino en 1895, el Partido
Socialista Uruguayo en 1910 y el Partido Socialista Brasileño en 1916. En 1904, el argentino Alfredo Palacios se
convirtió en el primer diputado socialista que resultaba
elegido para integrar un Parlamento latinoamericano.

Pero la aplicación del marxismo europeo no tuvo
mucho éxito en Latinoamérica, y ocurrió como en Estados Unidos: que no existió la capacidad de adaptación
de las tesis de Marx a sus condiciones políticas y sociales, en parte porque sus obras tardaron en divulgarse y
se reinterpretaron con un carácter divulgativo, además
de no contar con la población indígena que tenía un gran
peso en determinados países.

No obstante, al igual que hicieran los anarquistas, principalmente en Argentina, Uruguay y México, los socialistas contribuyeron a la formación de sindicatos o gremios obreros, lucharon para que la legislación favoreciera las condiciones laborales de los trabajadores, combatieron el latifundismo y defendieron una política de impuestos que gravaran las grandes fortunas industriales, comerciales y agrarias. Criticaron la excesiva dependencia respecto al capitalismo europeo y norteamericano, crearon sociedades de socorros mutuos, cooperativas, viviendas para trabajadores, bibliotecas populares y ediciones de autores que consideraban favorecían, mediante la literatura, la causa socialista. Sin embargo, no supieron cohesionar a la clase obrera y campesina dentro de un proyecto único.

El socialismo ante el colonialismo asiático y africano

La penetración colonial fue el elemento desencadenante de las organizaciones socialistas en algunos países asiáticos a finales del siglo XIX y principios del XX, aunque sería el comunismo el que capitalizaría las luchas sociales después del triunfo de la Revolución Rusa en 1917. No existieron partidos socialistas organizados ni en China, ni en la India, o el sudeste asiático, como tampoco en el mundo árabe, constituido por una serie de etnias con elementos ancestrales muy lejos de las perspectivas de sus colonizadores europeos. Marx y Engels no tuvieron una teoría suficientemente elaborada del llamado «modo de producción asiático», y en sus obras hay solo retazos de la comparación con el feudalismo europeo.

JAVIER PANIAGUA

Durante la II Internacional el problema colonial fue tratado de manera tangencial en los diferentes partidos europeos y hasta el Congreso de Stuttgart de 1907 no hubo una resolución tajante condenando el colonialismo. Fue Kautsky quien definió el colonialismo como una degradación del capitalismo. Y no debía existir una gran unanimidad cuando en la votación que aprobó, en dicho Congreso, una resolución contra la explotación colonial y la obligación de los partidos socialistas de combatirlo dio como resultado 127 votos a favor y 108 en contra. Hasta entonces se habían elaborado declaraciones programáticas retóricas sobre la igualdad de todos los humanos, sin distinción de razas, pero hubo socialistas que, incluso, justificaban la penetración colonial porque suponía que las zonas atrasadas de Asia y África entrarían en una fase de modernización en contacto con los países avanzados, sus gentes podrían tomar conciencia de la explotación que padecían y, en todo caso, se elaboraría un programa para que, después de cierto tiempo, alcanzaran la independencia. En la guerra de los Boers (1899) la facción fabiana del laborismo inglés apoyó al Gobierno británico en su lucha por controlar el territorio de Sudáfrica, mientras el laborista Hydman se mostró contrario y denunció en el Congreso de la II Internacional de 1904 la explotación inglesa sobre la India. El PSOE también estuvo en contra de la guerra que los Gobiernos de la Restauración declararon a los independentistas cubanos, y realizó una campaña contra la misma, pero el eje principal de su protesta se centró más en la forma de la movilización de los combatientes, principalmente miembros de la clase obrera, que en una concepción de apoyar a los rebeldes cubanos.

La constitución de la II Internacional

Después de lo sucedido con la I Internacional, Marx y Engels no estaban por la labor de reproducir una experiencia similar si antes no se habían formado partidos obreros fuertes con un claro programa socialista. Así, en 1889, año del centenario de la Revolución Francesa, se constituyó la II Internacional en torno a los dos socialismos más consolidados, el francés y el alemán, que suponía buscar puntos de encuentro para superar las secuelas de la Guerra franco-prusiana de 1870-1871. A la postre, la idea que la I Internacional había transmitido era que la clase obrera debía estar por encima de las disputas nacionales y, fuera cual fuera su país, lo sustancial era que sufría la explotación capitalista. Ese fue el espíritu del internacionalismo proletario que fracasaría cuando ni los socialistas franceses ni los alemanes pudieron evitar, en 1914, el estallido de la I Guerra Mundial.

En 1889 se hizo posible reconstruir una Internacional que no terminara como la primera, con divisiones entre anarquistas y marxistas, sin haber cumplido todos sus objetivos, y con el peso de la derrota de la Comuna de París. No fue fácil concretar su estructura de funcionamiento por la persecución de los Gobiernos temerosos de que pudiera reconstruirse una organización creadora de revueltas o propuestas revolucionarias, que desestabilizara la sociedad liberal construida por la burguesía. La II Internacional también fue, esencialmente, una organización europea, aunque contó con representantes de Estados Unidos, Latinoamérica y Japón. Pero aún continuaba la rivalidad entre anarquistas y socialistas, sobre todo en Suiza, Francia, Holanda, Italia y España. La división del socialismo francés y el predominio del sindicalismo inglés sobre la acción política plantearon el problema de si en la reunión constitutiva debían intervenir también los representantes sindicales. De hecho, se produjeron dos congresos al mismo tiempo: uno, en París, el 14 de julio, fecha simbólica de la toma de la Bastilla, el marxista, en la calle Petrelle, y otro, el posibilista, en la calle de Lancry, con el propósito de constituir la II Internacional. Los posibilistas de Paul Brousse tenía como aliado, entre otros, al líder inglés Hydman, mientras que el partido de Guesde contaba con William Morris y Eleanor Marx o el sindicalista John Burns. Los alemanes, gracias a la presión de Engels, acudieron al considerado marxista porque algunos de sus representantes estaban dispuestos a asistir al convocado por los posibilistas. Varios delegados estuvieron en ambas reuniones, y, en medio, los anarquistas, que asistieron también a los dos Congresos, deseaban un espacio en la nueva Internacional.

Fue en el Congreso de «La Petrelle» donde se concentraron los principales líderes marxistas, que pasan por ser los fundadores de la II Internacional. El francés Edouard Vaillant y el alemán Karl Liebknecht fueron elegidos presidentes en comandita. En los años siguientes se decidió crear una Conferencia Internacional de Mujeres socialistas, (1907) dirigida por Clara Zetkin, que llegaría a ser una de las fundadoras del Partido Comunista alemán e impulsaría la idea de celebrar el 8 de marzo el día Internacional de la mujer trabajadora.

Los anarquistas serían expulsados de la Internacional al rechazar la participación en la vida política. No obstante, esto no evitó que algunos anarquistas acudieran al Congreso de Londres con el propósito de votar una resolución que impidiera la participación parlamentaria y defendiera la acción directa contra los empresarios y dirigentes políticos. Después de debates impetuosos, no exentos de violencia verbal, los anarquistas, a propuesta del líder alemán Bebel, fueron expulsados y terminó así, a partir de entonces, la presencia libertaria en la II Internacional. Los socialistas no estaban por avalar el terrorismo anarquista que en aquella época tenía su mayor auge, aunque fuera la acción minoritaria de algunos grupos o individuos aislados defensores de destruir los símbolos de la sociedad capitalista en nombre de la anarquía. No querían, en su estrategia, que los Gobiernos extendieran su represión también sobre ellos y querían transmitir que los socialistas estaban dispuestos a aceptar, o cambiar, las reglas del juego político dentro de los cauces establecidos, y no por la insurrección armada o el atentado terrorista.

Los diferentes Congresos de la II Internacional impulsaron que en los distintos países se aprobara una legislación favorable a la clase obrera, especialmente la jornada de ocho horas, y el 1 de mayo, después de los acontecimientos de Chicago, se constituyó en fecha conmemorativa de dicha demanda. El 1 de mayo de 1886 se habían producido en Estados Unidos más de 5000 huelgas con el lema «¡solo se debe trabajar ocho horas!». Sin embargo, aunque muchas empresas habían aceptado la jornada de ocho horas, en Chicago, el día 3 de mayo, la Policía se enfrentó a quienes todavía permanecían en huelga. Se convocó una manifestación en el mercado de la ciudad con la intervención de los principales dirigentes (Spies, Fields y Parsons). Las fuerzas de orden público dispararon para disolver la concentración, una bomba estalló en medio de los policías produciendo varios heridos y ocho muertos, y a continuación los disparos de aquellas se intensificaron contra los manifestantes. Seis dirigentes sindicalistas fueron ahorcados el 11 de noviembre de 1886, después de un juicio sin las suficientes garantías procesales. Aquellos acontecimientos quedaron en el imaginario de los trabajadores como muestra de su propio martirio. La II Internacional tomó el 1 de mayo como fecha simbólica. Junto a los anteriores objetivos, la II Internacional propugnó la lucha por el sufragio universal masculino a fin de conseguir la mayor representación parlamentaria, especialmente a partir de 1900, cuando los socialistas empiezan a pensar que el capitalismo no está a las puertas de su destrucción, lo que provocará diversos debates sobre las estrategias a seguir y, como consecuencia, la revisión del marxismo en dos líneas divergentes: acentuar los elementos que aceleren la revolución, o, por el contrario, esperar tiempos mejores consiguiendo reformas que mejoren las condiciones de vida de los obreros.

3

Revisionismo y marxismo-leninismo: la crisis del internacionalismo socialista (1914-1939)

LA I GUERRA MUNDIAL Y EL SOCIALISMO

La mayoría de los historiadores coincide en destacar que el internacionalismo proletario se derrumbó con la I Guerra Mundial, desencadenada cuando un estudiante de filosofía, Gavrip Princip, el 28 de junio de 1914, asesinó al príncipe heredero del Imperio Austrohúngaro, el archiduque Francisco Fernando, y a su esposa. Los Balcanes constituían un caleidoscopio de pueblos que trataban de sacar partido de la decadencia del Imperio Otomano para convertirse en Estados-naciones y habían padecido dos guerras, en 1912 y en 1913. Los eslavos contaban con el apoyo de Rusia, lo que chocaba con los intereses austrohúngaros, consistentes en controlar esos territorios porque eran su único camino de salida al mar en un tiempo en que las flotas eran importantes para explorar nuevas tierras, y en el que Alemania y Austria habían llegado tarde al reparto de África y Asia, donde el control de ingleses y franceses era mayoritario. Alemania pretendía crear, también, un imperio colonial y que se realizara un nuevo reparto de África.

La respuesta austriaca al asesinato fue la declaración de guerra a Serbia. Su deseo era anexionar el territorio a la Monarquía Dual que formaban Austria y Hungría con los mismos derechos de ambos pueblos, respetando su lengua y cultura. El 1 de agosto de 1914 el Gobierno alemán decretó la movilización general y declaró la guerra a Rusia, que había trasladado sus tropas a la frontera ruso-alemana, y el 3 del mismo mes declaró a su vez la guerra a Francia y el 4 a Gran Bretaña, cuando Bélgica fue invadida por el Ejército germano. Curiosamente, las hostilidades entre austriacos y rusos no comenzaron hasta el 6 de agosto.

La guerra se extendió por toda Europa con el apoyo de los partidos socialistas de la inmensa mayoría de los países beligerantes, y también de los de algunos neutrales, como en el caso de España, donde el PSOE era favorable a los aliados (Francia y Gran Bretaña). Sin embargo, los socialistas suecos, holandeses, y daneses se mantuvieron contrarios a la guerra, al igual que los rusos, divididos en mencheviques y bolcheviques, que no la apoyaron, se salieron de la Duma, el Parlamento ruso, y no aprobaron los presupuestos, si bien exiliados insignes como el marxista Plejánov y el teórico anarquista Kropotkin se pusieron al lado de los aliados en contra de Alemania. Italia, que al principio se declaró neutral, entró en guerra en mayo de 1915 para defender su frontera con Austria y recuperar Trieste, que tenía cultura italiana, y aunque el Partido Socialista se mantuvo

Gueorgui Valentínovich Plejánov, revolucionario ruso, teórico y propagandista del marxismo, se puso del lado de los aliados en contra de Alemania durante la Primera Guerra Mundial.

neutral, una facción liderada por Benito Mussolini era partidaria de entrar en el conflicto.

La guerra tuvo un coste de más de nueve millones de muertos y otros tantos heridos, pero especialmente cuestionó el internacionalismo obrero. Los socialistas serbios, como sus homólogos rusos, se mantuvieron contrarios al conflicto. Lo cierto es que a la mayoría de los socialistas de los países beligerantes se les hizo difícil resistir la presión de sus conciudadanos que reclamaban venganza contra los enemigos y optaron por alinearse con el fervor nacionalista que la guerra propagó. A partir de entonces se evidenció que los partidos socialistas no eran capaces de practicar el pacifismo que predicaban. Y si ya los socialistas estaban enfrentados a los anarquistas desde la I Internacional, ahora surgiría una nueva disensión con el triunfo de la facción bolchevique de los socialdemócratas rusos, que se añadiría al hecho de que mantenían características distintas según los países, como ya hemos visto en el anterior capítulo. El Partido Laborista inglés, por ejemplo, tenía poco de marxista y convivía, en una democracia, con liberales y conservadores, mientras que en Alemania y en la Monarquía Dual de Austria-Hungría, aunque los dirigentes socialistas habían abrazado el marxismo, tenían como tarea prioritaria romper la estructura de poder político que había creado Bismarck en Prusia, y que extendió a los demás Estados alemanes que se unificaron en 1871, donde no existía una representación democrática parlamentaria, ya que el Reichstag tenía pocas competencias con respecto al Gobierno. Existían, sin embargo, *länders* (estados que contribuyeron a la unidad alemana) como Baden, la ciudad libre de Hamburgo, Hessen o Wüttenberg donde el SPD se abría camino en la oposición y mantenía posiciones liberales alejadas del marxismo ortodoxo.

Al final, los socialistas se dividieron en dos grandes grupos: «los patriotas», que pusieron por delante los intereses de sus países, entre los que podría incluirse a un número de pacifistas moderados, como Kautsky y Eduard Bernstein, en Alemania, McDonald y Hardie, en Gran Bretaña, junto a italianos, suizos, holandeses y escandinavos; y «los socialistas revolucionarios», contrarios de manera radical a la guerra por creer que la prioridad de los socialistas es hacer la revolución y acabar con el capitalismo. Ahí estaban el ruso Lenin, los alemanes Karl Liebknecht y Rosa Luxemburgo y el italiano Antonio Gramsci. De esta tendencia surgirá el «espíritu de Zimmerwald», ciudad suiza donde los socialistas contrarios a la guerra celebraron una conferencia en 1915 y propusieron crear otra Internacional (llamada posteriormente en la historiografía «la II Internacional y media»). Cuando surgió la III Internacional a raíz del triunfo bolchevique en Rusia, los partidos socialistas se partieron definitivamente, algunos de sus militantes se afiliaron a los nuevos partidos comunistas y otros reconstruyeron la II Internacional al término de la I Guerra Mundial, no sin sufrir profundas convulsiones teóricas y desgarramientos personales.

Revisionismo y revolución

En los años finales del siglo XIX se había producido una revisión del marxismo. El alemán Eduard Bernstein, que había escrito que Marx no había previsto el grado al que había llegado el desarrollo del capitalismo, consideraba que este era capaz de autorregularse y superar las crisis produciendo una mayor capacidad de integración de los obreros en el sistema. Igualmente, había sido capaz de apuntar el crecimiento del sistema bancario, que permitía una mejor distribución del crédito, la creación de monopolios y la extensión de nuevas infraestructuras para mejorar las comunicaciones, al tiempo que aumentaban las pequeñas y medianas empresas. De tal manera que se debería plantear una estrategia pacífica dentro de los cauces de la democracia, y los socialistas debían luchar por democratizar las estructuras del Estado y conseguir el poder por métodos pacíficos a través del voto. Todo ello convulsionaba los fundamentos de la práctica revolucionaria porque el socialismo no era un objetivo, sino solo un proceso. Así, diría Bernstein: «Ese objetivo final del socialismo no representa nada para mí, el movimiento lo es todo. Y por movimiento quiero decir tanto el movimiento general de la sociedad (es decir, el

Las últimas palabras de Rosa Luxemburgo fueron sobre su confianza en las masas y en la inevitabilidad de la revolución

progreso social) como la agitación política y económica y la organización para suscitar ese progreso».

Bernstein fue rechazado en los congresos socialistas y por los partidos de la II Internacional. Sin embargo, sus planeamientos introdujeron la duda entre muchos militantes socialistas y, de hecho, no excluyeron la posibilidad de un Estado democrático de transición hacia el socialismo además de ir desechando la revolución armada, lo mismo que fue aceptándose la participación en gobiernos con otras fuerzas no socialistas, especialmente durante la guerra. Fue Kautsky, que conoció a Marx en Londres y defendió de forma entusiasta a Charles Darwin en el sentido de creer en una evolución continua y progresiva de la sociedad, el encargado de rebatir la tesis del reformismo marxista de Bernstein. Proponía que los socialistas no participaran en ningún pacto con partidos burgueses porque el capitalismo no tenía salida y acabaría derrumbándose, y esto entroncaba con leyes naturales sociales. Si el capitalismo es un sistema perverso, no puede llegarse al socialismo desde sus propios medios, con simples reformas. Era, pues, necesaria una revolución y esta solo podría ser protagonizada por el proletariado que, adquiriendo conciencia de clase, actuaría a través del partido socialista que impregnaría toda la sociedad y conseguiría articular un nuevo Estado al servicio de los trabajadores que representan la mayoría social. Insistía en la importancia que tendría, en esa situación, atraerse al Ejército y a la burocracia, porque ya no serviría enfrentarse a ellos por vía de las barricadas como en el siglo XIX. Eso comportaba que sería necesario utilizar los cauces democráticos y esperar a que se cumpliera el objetivo final de proclamar el socialismo pero en un tiempo impredecible, por lo que el partido debía conseguir, mientras tanto, el máximo de representación en las instituciones políticas burguesas. La revolución caería como fruta madura pero no por ello sería necesario colaborar con fuerzas políticas capitalistas ni pensar que estas podrían transformar la sociedad. El camino del socialismo era construir en solitario las condiciones para que la revolución aconteciera sin que fuera necesario recurrir a métodos violentos, aunque no podrían desdeñarse en el supuesto de que las fuerzas reaccionarias se agazaparan y no permitieran la evolución natural.

LA REVOLUCIÓN RUSA

Es un tópico afirmar que Rusia tiene dos almas, como se afirma que hay dos Españas. Pero, aunque en ello hay algo de verdad, es una explicación simplista ya que la realidad es más compleja. Los rusos han mantenido una mirada hacia Occidente, envidiando su desarrollo y capacidad para vivir en Estados con libertad de movimiento, asociación y expresión, así como su desarrollo económico. Pero al mismo tiempo han defendido sus raíces eslavas, sus costumbres y el arraigo de las viejas tradiciones entre los campesinos que tardaron en pasar de siervos a hombres libres. Su literatura de los siglos XIX y XX, sin ir más lejos, es comparable a la de los grandes autores franceses, ingleses, italianos o españoles o incluso superior, como ocurre con Tolstói, Dostoievski o Turguéniev o pensadores como Alexander Ivánovich Herzen. Estaban dispuestos a admitir el desarrollo que Hegel daba al Estado, pero no a que los germanos fueran los que dirimieran el proceso hegemónico de la humanidad. ¿Dónde, si no, quedaban los eslavos? ¿Sometidos a los alemanes? Sin embargo, es en las obras de sus grandes escritores donde se muestran las contradicciones del pueblo ruso: estas reflejan, a un mismo tiempo, los valores de los campesinos y los de las clases ilustradas, reivindican la modernización pero al mismo tiempo defienden las costumbres ancestrales mantenidas por las familias rusas no contaminadas de las inclemencias de la industrialización occidental, que había destruido valores que los rusos conservaban. Un pueblo que todavía no había alcanzado, en su mayoría, la categoría de ciudadanos a principios del siglo XX, como lo demuestra la rebelión o revolución de 1905, que, aunque fracasada, obligó durante un tiempo a que el zar Nicolás II aceptara un Parlamento, la Duma, que permitía que algunos partidos políticos participaran en ella. Pero aquel espontáneo levantamiento que respondía a las ansias de libertad duró poco por no tener una dirección política clara. Después, los revolucionarios que conquistaron el poder en 1917 harían de la rebelión del acorazado Potemkin, en el verano de 1905, un icono de la lucha de los marineros contra los oficiales, el emblema de los representantes del pueblo contra aristócratas y burgueses. En 1925, ya producido el triunfo bolchevique, el cineasta Serguéi Mijáilovich Eisenstein contribuiría con su película *El acorazado Potemkin* a la exaltación de la epopeya del amotinamiento de la marinería, y además introdujo técnicas nuevas en la proyección que la convirtieron en uno de los films que modificaron profundamente la manera de hacer cine, con escenas que, al expresar el gran dramatismo de la insurrección, son un antecedente del expresionismo cinematográfico. El motín estalló cuando los marineros de tropa se rebelaron ante el rancho putrefacto que les sirvieron. Los oficiales fueron fusilados y se izó la bandera roja en el mástil. El acorazado vagabundeó por las aguas del Atlántico sin encontrar ningún país que acogiera a los amotinados que, cansados, se dirigieron al puerto rumano de Constanza. Allí, los principales cabecillas de la rebelión fueron detenidos y ajusticiados. Lo mismo ocurriría durante la revolución iniciada en octubre de 1917 con el levantamiento de la flota fondeada en Kronstadt. Las huelgas se extendieron en aquel año de 1905 por las principales ciudades de Rusia y los ferroviarios pararon los ferrocarriles impidiendo que las tropas del zar Nicolás II pudieran moverse para reprimir, con rapidez, los puntos del conflicto. Surgieron por primera vez los soviets, conjunción entre trabajadores y soldados, que desempeñarían un importante papel doce años más tarde, y hubo quema de cosechas y fincas en el campo, con la ocupación de tierras por los campesinos, pero los consejeros del zar ganaron tiempo y poco a poco fue reconduciéndose la revolución. Esta había comenzado meses antes, un domingo de enero de 1905, cuando una gran muchedumbre, acaudillada por un pope de la Iglesia Ortodoxa rusa, de nombre Gapón, que acudía pacíficamente al Palacio de Invierno del zar Nicolás II en San Petersburgo para reclamar mejores condiciones de vida, fue masacrada al recibir los soldados que custodiaban el palacio la orden de disparar indiscriminadamente contra la multitud. Como otras veces en la historia, la revuelta aconteció tras una derrota militar, en este caso ante Japón, que conquistó el territorio chino de Manchuria y derrotó a la Armada rusa con el hundimiento de diecinueve barcos y la captura de otros cinco por los japoneses en el estrecho de Tsushima, en Corea, el 27 de mayo de 1905.

Pero sería en 1917 cuando los bolcheviques —que no habían participado en la de 1905, pues ni siquiera existían como grupo—, dirigidos por Lenin, se lanzaron a la revolución, en medio de la I Guerra Mundial, con unos soldados exhaustos y hambrientos que desertaban debilitando el frente oriental, donde las posiciones alemanas dominaban. Stalin, quien sería años más tarde sucesor de Lenin, afirmaría que el leninismo era la adaptación del marxismo al capitalismo imperialista, la última fase del capitalismo. Lenin, que había escrito un documentado estudio titulado *El desarrollo del capitalismo en Rusia,* consideraba que las fuerzas productivas habían llegado a su ocaso ante la pugna por controlar los mercados de las colonias, de tal forma que la Guerra de 1914 no era otra cosa que el proceso de unos países que luchaban por la hegemonía mundial de los mercados.

El Partido de los Socialdemócratas Rusos (PSDR) era un grupo minúsculo en relación con otras fuerzas an-

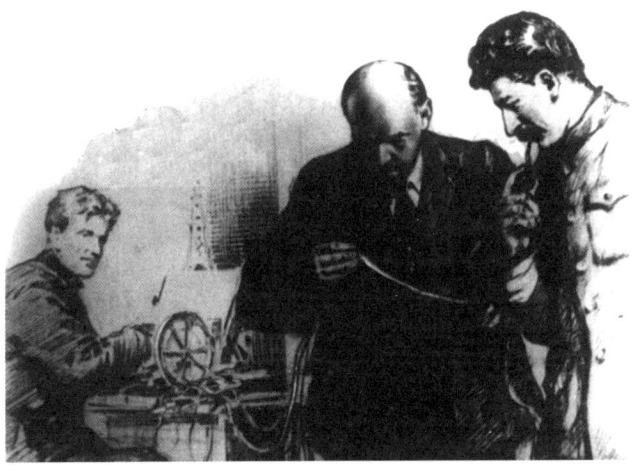

Una parte importante del culto a Lenin se organizó en torno
a su particular vínculo con Stalin.

tizaristas como los social-revolucionarios o los populistas, que tenían una concepción fundamentalmente agra-
rista de los problemas rusos y cuyo principal objetivo
era conseguir el reparto de la tierra para los campesinos.
Además, los socialdemócratas rusos, cuyos principales
líderes vivían en el exilio, se habían dividido en su II
Congreso celebrado en Bruselas en 1903, entre mencheviques y bolcheviques, que en ruso significa «mayoritarios» porque sus tesis ganaron en aquel tenso Congreso,
si bien no puede establecerse una línea muy clara entre
ambos. Resulta reduccionista decir que los mencheviques eran socialdemócratas partidarios de una vía pacífica al socialismo, como interpretar que los bolcheviques
eran una formación coherente y fundamentalmente partidaria de la lucha armada. Los primeros defendían tesis
más reformistas, pero tampoco despreciaban las acciones

violentas si estas eran necesarias y, además, pensaban que la revolución pasaba por instaurar primero un régimen democrático liberal que debería ser protagonizado por las fuerzas burguesas, aunque Rusia no tenía una burguesía suficientemente consolidada ni un proletariado industrial para ejercer una dirección revolucionaria. Ambas tendencias volvieron a unirse en 1906 en un Congreso celebrado en Estocolmo, pero la unión sería precaria y los bolcheviques se constituyeron en partido independiente en 1912.

Vladímir Ilich Uliánov, más conocido por «Lenin», que es como le llamaban sus hermanos en tono diminutivo y él lo adoptó en la clandestinidad en 1901, era su líder principal. Nació en 1870 en Kázan, hijo de un inspector de escuela que tuvo cinco hijos, el mayor de los cuales, Alexandr, fue ajusticiado por conspirar para asesinar al zar el mismo día en que el joven Lenin, con 17 años, se presentaba a un examen de matemáticas. Durante toda su vida le atormentaría la muerte de su hermano, lo que le incitó a su vocación revolucionaria. Estudió Derecho en Kazán, se casó con Nadezda Krupskaia. Entró en contacto con grupos revolucionarios, lo que le provocó un destierro de tres años en Siberia. Allí aprendió a jugar con cierta soltura al ajedrez, que practicó durante toda su vida. A partir de entonces y hasta 1917 vivirá una vida de exilado en Alemania, Suiza y Gran Bretaña, salvando el periodo 1905-1907, en que residiría clandestinamente en San Petersburgo. Editó la revista *Iskra* (La Chispa). Publicó en 1902 un folleto, titulado *¿Qué hacer?*, en homenaje a la novela del mismo título del escritor Chenichevki, que, con su personaje de ficción Rajmetev, suponía para Lenín un ejemplo de revolucionario que buscaba una organización fuerte y coherente que le trasmitiera al pueblo, inerte ante su situación de explotado y que solo sabía reclamar mejoras laborales, los deseos de cambio y estableciera una «dictadura del proletariado» que impusiera el socialismo. Es este un concepto que va a destacar en los planteamientos del leninismo que no estaba explícitamente formulado por Marx. Lenin no solo fue un buen activista y organizador, sino que produjo toda una teoría de la revolución y su estrategia desde la perspectiva marxista, y lo hizo analizando la situación del desarrollo del capitalismo en Rusia y la posibilidad de que el proletariado dirigiera el tránsito desde la revolución burguesa-liberal hacia el socialismo, con el indispensable apoyo de un partido compuesto por una vanguardia bien formada en las tesis marxistas y aplicando el centralismo democrático, que consistía en discutir desde la dirección del partido y tomar una decisión que debía cumplirse sin ser cuestionada a posteriori. Su análisis de la I Guerra Mundial lo plasmará en su obra de 1916, *El imperialismo, fase superior del capitalismo,* y criticará a los partidos socialdemócratas que apoyaron los créditos de guerra. Estaba convencido de que estallarían revoluciones en los países beligerantes, cumpliéndose la predicción de Marx, con la entrada en la nueva era del triunfo del proletariado. Rusia, un país todavía no desarrollado industrialmente, debía colaborar en el proceso pero contando con la gran masa de campesinos sin tierras que podían ser unos aliados indispensables para el proletariado industrial, vanguardia obrera de la revolución. Y, como colofón que acercaría al éxito, era necesario un partido dirigente. Sus escritos buscan contradecir al populismo ruso, que tenía fuerte arraigo en muchos círculos intelectuales, así como al marxismo ortodoxo de la II Inter-

Gracias a su tenacidad y habilidad para gobernar a los pocos, pero litigiosos dirigentes bolcheviques, Lenin consiguió imponerse en los momentos cruciales.

nacional, que había fracasado en la contención de la guerra. En 1917 escribirá *El Estado y la revolución,* donde defenderá la necesidad de la dictadura del proletariado durante el periodo en que se consolide el socialismo y se hayan colectivizado fábricas y campos. Algunos vieron en el libro un guiño a los anarquistas puesto que Lenin preveía la posibilidad de que el Estado acabara desapareciendo. Pero otros teóricos socialdemócratas, como Kautsky, que en otro tiempo había coincidido con varios puntos de vista de Lenin, se opondrán a su concepción del partido como vanguardia obrera que establecerá durante un tiempo la dictadura del proletariado. Era la respuesta de la socialdemocracia al bolchevismo, que se transformaría en comunismo. Lenin, que tenía un carácter convulsivo que algunos han atribuido a las secuelas genéticas de la sífilis de su padre, le replicó con virulencia y a partir de entonces le apodó «el renegado Kautsky» que había abandonado las posiciones del marxismo y se había pasado a un socialismo colaborador del capitalismo.

El triunfo de los soviets en la Revolución Rusa

Cuando de nuevo estalle en noviembre (octubre, según el calendario de la Europa occidental) de 1917 otra protesta masiva contra el absolutismo zarista que nada había aprendido de las revueltas de 1905, Lenin recorrerá en un tren blindado toda Alemania, con el apoyo del Gobierno alemán, que ve una oportunidad para llegar a un acuerdo de paz con Rusia y aligerar la presión del frente oriental; atravesará Suecia y Finlandia, y de allí se trasladará a la estación Finlandia, en San Petesburgo, donde fue recibido con entusiasmo por sus partidarios, quienes confiaban en él para enderezar los acontecimientos. Y a fe que lo consiguió, más por las circunstancias que advinieron que por una planificación prevista por su precisión, aunque durante muchos años en las escuelas y universidades de la Unión Soviética se afirmará que Lenin fue el genio que condujo la revolución socialista a la victoria. La exaltación de su figura hará que su cadáver embalsamado sea expuesto en el Kremlin y se convierta en un lugar de visita obligada para los que visitaban Moscú.

Su estrategia de «todo el poder para los soviets», expuesta en las *Tesis de abril,* contó con la ayuda inestimable de otro revolucionario, Liev Trotsky (también llamado en los países de habla hispana León Trotsky), cuyo verdadero nombre era Liev Davídovich Bronstein, y utilizó ese seudónimo en la clandestinidad, hijo de un granjero judío y una mujer de clase media, y nacido en 1879 en la ciudad ucraniana de Yánovksa. Trotsky había conocido a Lenin en el exilio y había tenido puntos de vista semejantes a los suyos, aunque no siempre iguales. Ambos volvieron a coincidir en el Congreso de 1903, aunque Trotsky intentó evitar la división entre mencheviques y bolcheviques. Pasó del populismo a la asimilación de las teorías marxistas, y mantuvo hasta 1905 posiciones muy parecidas a las de la dirigente revolucionaria alemana Rosa Luxemburgo con la proyección de una huelga general revolucionaria. En sus escritos *La revolución de 1905* y *Resultados y perspectivas* defendía la aplicación del método dialéctico histórico para Rusia afirmando que esta no era un caso excepcional y que entraba dentro de la trama que había señalado Marx, añadiendo que era posible que un país no desarrollado industrialmente pudiera hacer la revolución. En 1914 escribió *La Guerra y la Internacional,* donde proponía unos Estados Unidos de Europa como paso previo a un Estado mundial. Y a partir de 1917 se convertiría en un bolchevique más, mandando las milicias revolucionarias, superando las decisiones del Gobierno provisional que, presidido por el menchevique Alexandr Fiódorovich Kerenski, intentaba encauzar el proceso revolucionario. Trotsky, elegido presidente del Soviet de Petrogrado (nombre que recibió entre 1914 y 1924 la ciudad de San Petersburgo, desde ese último año hasta 1991 llamada «Leningrado»), será quien negocie la paz con Alemania.

Los bolcheviques, hasta entonces solo un grupo ilegal y minoritario, comenzaron a adquirir fuerza y controlaron la mayoría de soviets. Muchos soldados, hartos de luchar, desertaban y volvían a sus pueblos donde la tierra continuaba estando en manos de los de siempre, de ahí que las proclamas leninistas captaran su atención, y obreros y campesinos defendieran sus proyectos. En mayo de 1917 se formó un Gobierno de coalición con escasa autoridad pero con la idea de convocar una Asamblea Constituyente que elaborara un texto constitucional a la manera de los países parlamentarios del oeste de Europa, en el que entraron los soviets que reclamaban el fin de la guerra, un tratado de paz con Alemania y la entrega de la tierra para los campesinos. En julio se propuso uno exclusivamente compuesto por socialistas, en el que predominaban los mencheviques, y para ello se organizaron las llamadas «jornadas de julio» con manifestaciones de obreros, campesinos y soldados. Aunque el Gobierno intentó parar a los bolcheviques, estos se pertrecharon en los soviets, creando un poder paralelo, al tiempo que otras fuerzas —liberales, conservadores, altos mandos militares— preparaban un golpe de Estado, que será abortado por las masas populares dirigidas por los bolcheviques, quienes, liderados por Lenin, decidieron la insurrección general contra el Gobierno.

La toma del «Palacio de Invierno», donde residía el zar Nicolás II y su familia, por las tropas del soviet de San Petesburgo fue el símbolo del triunfo de los soviets, y el Gobierno de Kerenski nada pudo hacer para evitarlo, después de once horas entre el asedio y la rendición de la guardia que lo custodiaba. Y así, los bolcheviques se hicieron con el poder el día 26 de octubre. Lenin se dirigió entonces al II Congreso de los soviets afirmando que «damos comienzo a la tarea de construir la sociedad socialista» y la primera medida de los triunfantes bolcheviques fue firmar la paz de Brest-Livstok con Alemania. Los bolcheviques cambiaron en 1918 el nombre del «Partido Socialdemócrata» por el de «Partido Comunista Ruso», que siete años más tarde pasaría a llamarse

«Partido Comunista de los Bolcheviques de la Unión», y que décadas después, ya en 1952, pasaría a tener como nombre definitivo «Partido Comunista de la Unión Soviética» (PCUS).

El 10 julio de 1918 se redactó una Constitución de carácter socialista, que se aplicó solo a Rusia, la primera de las cuatro que regirían el Estado surgido en 1922, cinco años después del triunfo de la revolución en suelo ruso: la Unión de Repúblicas Socialistas Soviéticas (URSS), también conocido como «Unión Soviética», sin más, formado por todas las nacionalidades que estaban unidas o sometidas a Rusia desde que esta se extendiera por el Cáucaso y parte de Asia.

Con el triunfo revolucionario, la familia del zar Nicolás II fue recluida en el sótano de una casa de la ciudad de Yekaterinburg (llamada durante el régimen soviético, entre 1924 y 1991, «Sverdlovsk»). La madrugada del 17 de julio de 1918, un pelotón del Soviet de los Urales se desplazó hasta allí y Yurovky, que era quien lo dirigía, leyó la orden que, sin juicio previo y con la justificación de que las fuerzas contrarias a la revolución y seguidores del zar estaban desarrollando una ofensiva militar contra el poder de los soviets, condenaba a muerte al zar y a su familia. Con ellos estaban también algunos criados de confianza y su médico y a todos ellos les dispararon los once miembros del soviet. Nicolás II cayó al primer disparó y después las otras diez personas. La acción posterior de hacer desaparecer los cadáveres en una mina abandonada resultó esperpéntica. Al desnudarlos descubrieron que llevaban encima ocho kilos de perlas y brillantes que recogió Yurovky en su gorra, impidiendo que los soldados se apoderaran de ellos. Después de la caída del comunismo y la desaparición en 1991 de la URRS,

La toma del Palacio de Invierno.

se han podido identificar los esqueletos por medio del
ADN. No se sabe con certeza quién dio la orden de pro-
ceder al fusilamiento y se especula que fuera una decisión
autónoma del Soviet de los Urales que ejecutó la acción.
La prensa soviética informó en aquellos días de 1918 es-
cuetamente que el zar Nicolás II había sido fusilado.

No fue fácil consolidar la revolución. La reacción
de la llamada «Rusia Blanca», en contraposición al Ejército Rojo de los soviets, desencadenó una guerra civil
que duraría hasta 1921. Los rusos blancos recibirían
apoyo de algunos países europeos a fin de derrotar lo
que consideraban un peligro para los valores del liberalismo económico y político del llamado «mundo occidental», pero el Ejército Rojo se hizo en 1921 con el
control de todo el territorio ruso. Fueron años de carencias, con hambrunas en una gran parte de la población,

y los precios, que subieron de manera incontrolada. También hubo levantamientos desde opciones revolucionarias, como en Kronstadt, donde en 1921 un Comité de Defensa reclamó libertad de expresión y de prensa para los anarquistas y los sindicatos. En Ucrania, un anarquista, Makhno, se enfrentó a los bolcheviques contando con un ejército de campesinos que fueron derrotados. Por aquel entonces ya había comenzado a actuar la *Cheka* o «policía revolucionaria» dedicada a vigilar cualquier comportamiento opositor y perseguir a los disidentes. Su primer director fue Félix Dzerzinski, hijo de un noble terrateniente, quien proclamaría: «No existe más que una preocupación: la victoria. Debe vencer la revolución aunque perjudique a los inocentes». Después, la *Cheka* se transformaría en Gosudárstvennoe Politichcheskoe Upralénie, conocida por GPU, que tenía su sede moscovita en el edificio de Lubianka. La economía de guerra dio paso a una nueva política económica (NEP) en la que se mezcló la intervención privada con las nacionalizaciones, la cual permitió una cierta reconstrucción del país azotado por el hambre y las enfermedades, permitiendo la libertad de comercio y aceptando que técnicos especialistas se incorporaran a la estructura del poder.

La extensión de la revolución en Europa

Si nos acercamos de nuevo a los avatares de la I Guerra Mundial, cuando llegó el año 1918 los aliados iniciaron la ofensiva contra Alemania y Austria-Hungría, reforzados por la entrada, un año antes, en la guerra de Estados Unidos, la potencia americana emergente presidida por Thomas W. Wilson, quien intentaba crear una organización internacional, la Sociedad de Naciones, que evitara futuras conflagraciones de tal calibre. Los alemanes comenzaron a comprender que la guerra estaba perdida y que la situación era irreversible. Se volvieron contra el káiser Guillermo II y su corte de militares y aristócratas, dueños de tierras y fábricas, que tan pocas posibilidades habían dado para una auténtica democratización del régimen. La protesta se extendió entre todas las clases sociales, especialmente entre los obreros y los campesinos, y hubo rebeliones en los cuarteles y en la Armada.

En esta situación, el káiser abdicó y se estableció la que dio en llamarse «República de Munich» el 8 de noviembre, mientras Berlín mostraba una agitación revolucionaria. El régimen del II Imperio Alemán se había venido abajo y el socialdemócrata moderado Friedrich Ebert, líder del SPD, el Partido Socialdemócrata Alemán, se hizo cargo de la cancillería, mientras a su izquierda surgía una corriente radical dirigida por Rosa Luxemburgo y Karl Liebknecht, los «espartaquistas», que provocaría una escisión que se uniría al ala izquierda del SPD para constituir el Partido Socialdemócrata Independiente Alemán (USPD), que lideró los movimientos revolucionarios y estableció los consejos de obreros y soldados, y de los marineros de la Armada, donde el movimiento revolucionario se había extendido en los principales puertos en los que fondeaban los barcos de guerra.

Rosa Luxemburgo (en realidad llamada Rosa Luxemburg, pero habitualmente denominada en el mundo hispano con el apellido castellanizado, nacida en 1871 en territorio polaco bajo el control ruso, en la ciudad de Samos, estudió en Alemania y se afilió al SPD, pero pronto se inclinó hacia posturas radicales, rechazando las tesis de Bernstein en su libro *Reforma o revolución,*

103

publicado en 1889. Argumentaba que los avances de la sociedad capitalista son algo pasajero y que, analizando lo ocurrido en Rusia en 1905, al capitalismo debe oponérsele un frente de lucha permanente para que se produzca su ruptura final. Para ello hay que contar con las organizaciones sindicales, implicadas principalmente en conseguir mejoras laborales momentáneas, y se hace necesario ampliar los objetivos y conseguir que las grandes masas de trabajadores se impliquen en las luchas que autónomamente se organizan y superan las trabas de los partidos y sindicatos. Luxemburgo, que rompió con el marxismo ortodoxo, consideraba la posibilidad de que la revolución estallase allí donde el capitalismo no estuviera plenamente desarrollado, como en Rusia, por lo que subvertía la tesis del marxismo clásico que pensaba que el socialismo acontecería en aquellos países donde las fuerzas productivas capitalistas estuvieran más desarrolladas, es decir, donde precisamente el capitalismo tiene mejores condiciones para resistir.

Algo similar ya había apuntado el marxista italiano Antonio Gramsci, en sus escritos sobre la formulación, que conecta con Lenin, de los eslabones débiles del capitalismo, es decir, aquellos países donde todavía no se había consolidado plenamente la revolución industrial eran los puntos por donde podía comenzar la ruptura del sistema capitalista. Rosa Luxemburgo también difería de la concepción leninista de constituir un partido fuerte dirigido por un grupo cohesionado que impusiera el centralismo democrático y eliminara la participación del pueblo, por ello estaba en contra de Lenin y de Trotsky en cuanto a eliminar la Asamblea Constituyente y las medidas que restringían la libertad de expresión. Ella creía en la democracia de las masas porque esta debe permanecer como mecanismo corrector de las decisiones de los dirigentes. Una democracia que poco tiene que ver con la liberal parlamentaria, pero que es fundamental mantener para no caer en la dictadura de unos pocos que se atribuyen la dirección de los procesos revolucionarios porque las masas aprenderán a saber elegir lo que más les conviene en cada circunstancia. Sin elecciones libres, sin libertad de prensa, no existe verdadera libertad, y lo único que queda es una burocracia que se arroga la representación popular y se convierte en una élite que disfruta de privilegios.

Poco a poco el movimiento revolucionario fue debilitándose en Alemania y el nuevo Gobierno constituido después de la abdicación del káiser controló la situación, aunque volvió a complicarse entre noviembre de 1918 y enero de 1919, con la formación de un Consejo de Comisarios del Pueblo, compuesto por seis miembros, tres del SPD y tres del USPD, elegidos por una Asamblea de Consejos Obreros. Para Ebert, los espartaquistas eran como los bolcheviques rusos a los que había que parar si no se quería caer en una situación insostenible para Alemania, un país al cual los vencedores de la I Guerra Mundial estaban dispuestos a exigir el pago de las reparaciones exigidas por el Tratado de Versalles. Ebert controla el Congreso de los Consejos de Trabajadores. Rosa Luxemburgo y Liebknecht, ante una tumultuosa manifestación y la huelga general proclamada en toda Alemania, piensan que pueden conquistar el poder. Sin embargo, la dura represión llevada a cabo por Ebert entre el 9 y 15 de enero de 1919 aplastará el movimiento revolucionario espartaquista con un coste de miles de muertos entre los que estaban Luxemburgo y Liebknecht, que fueron asesinados mientras estaban detenidos. El cadáver de

Rosa aparecería flotando en el rio Spree que atraviesa Berlín.

Una fracción del socialismo alemán había aniquilado a la otra cuando esta intentó establecer, curiosamente, el socialismo y aquel 9 de noviembre de 1918 en que empezó el proceso acabó en un espejismo. Las elecciones celebradas el 19 de enero de 1919 establecieron una Asamblea Constituyente que desembocaría en la República de Weimar, llamada así por ser esta la ciudad elegida para redactar una nueva constitución ante la inseguridad que despertaba Berlín.

El comunismo frustrado del húngaro Bela Kun

Hungría formaba parte del Imperio Austriaco que, desde 1866, mantenía una doble monarquía (la denominada «Monarquía Dual») y por ello pasó a ser conocido como «Imperio Austro-Húngaro», en el que también se incluían una serie de territorios habitados por pueblos germánicos y eslavos que habían sido incorporados a medida que el Imperio Otomano de los turcos había entrado en decadencia. Cuando terminó la I Guerra Mundial, muchos de ellos se constituyeron en Estados, aunque tanto estos como Yugoslavia o Checoslovaquia no coincidían con una única nacionalidad.

Los húngaros eran un pueblo de campesinos sometidos a una aristocracia detentadora de la propiedad de las tierras, y desde principios de siglo habían experimentado un cierto crecimiento industrial y financiero con la aparición de un naciente proletariado. El Partido Socialdemócrata Húngaro conseguirá una gran fuerza desde 1890, e intentará aprovechar tres décadas más tarde las condiciones de la Gran Guerra para establecer un Estado

revolucionario dirigido por Bela Kun, político y periodista que participó como soldado en ese conflicto y, pri-
sionero de los rusos, se convirtió en un defensor de las
tesis bolcheviques y, desde la cárcel, en Hungría, propuso un gobierno social-comunista constituyendo la República Democrática de Hungría.

El presidente del Gobierno provisional de la nueva
república (la llamada «República Democrática de Hungría»), Mihály Károlyi, un aristócrata que había defendido la independencia de Hungría respecto del Imperio
Austriaco, se vio desbordado por el golpe de fuerza de
los socialdemócratas y comunistas que se hicieron con
el poder. El nuevo Gobierno de la revolución triunfante,
que daría lugar a la denominada «República Soviética
de Hungría» o «República de los Consejos» (o Soviets),
estuvo presidido por un albañil, Alejandro Garbai, de-
signado directamente por el propio Béla Kun. Este, liberado de la cárcel, se hizo con la cartera de Interior y
Asuntos Exteriores y junto a él, en el mismo Gobierno,
participó el filósofo marxista György Lukács. Los socialdemócratas se convirtieron en partido comunista
pero lo más singular fue que la conquista del poder se
produjo de una manera tranquila y sin grandes traumas.

Todas las fuerzas políticas tenían un objetivo
común: recuperar después de la guerra aquellas tierras
donde vivían húngaros y que fueron cedidas a Rumania.
Apoyaron momentáneamente a Béla Kun porque este
defendía la integridad de todo el territorio que consideraba tierra húngara. Sin embargo, cuando el Gobierno
de Kun empezó a tomar medidas revolucionarias, como
la nacionalización de la tierra, los pequeños propietarios
perdieron el interés por enviar sus productos a las ciu-

La llamada «Revolución de los crisantemos» puso a Mihály Károlyi al frente del Consejo Nacional en Hungría, que reclamaba la independencia total.

dades, lo que provocó un aumento de los precios y carencias en los productos de primera necesidad.

El 21 de marzo de 1919 fueron proclamadas la República de los Consejos y la dictadura del proletariado, lo que los unía a la Rusia soviética, deseosa de contar con aliados cuando estaba en plena guerra civil y tan complaciente porque parecía que se confirmaba la tesis leninista de que la revolución en Europa resultaba inminente y se estaba a las puertas de una nueva era. Los años 1919 y 1920 fueron los más convulsos del primer tercio del siglo XX y los propios Gobiernos aliados que habían ganado la guerra —Gran Bretaña, Francia, Serbia y Rumania—, junto a otros como Suecia, Dinamarca, Noruega, España y Finlandia, creían que la revolución era un peligro real que habían de contener.

El experimento de Béla Kun duró 133 días y los métodos represivos utilizados por el Gobierno provocaron muchos antagonismos, especialmente cuando atacó a la Iglesia Católica, religión predominante en la mayoría de la población. Las fuerzas aliadas (británicas y francesas, pero fundamentalmente rumanas) entraron en Hungría y derrocaron al régimen comunista. Kun huyó a Viena y de allí se trasladó a la Unión Soviética convirtiéndose en un representante de la III Internacional para la Europa oriental. Sin embargo, cuando años después llegaron las purgas de Stalin, fue fusilado en secreto acusado de trotskista.

Después de que el presidente estadounidense Wilson enviara un interlocutor para tratar de evitar que continuara la guerra entre rusos rojos y blancos, se llegó a un acuerdo por el que las tropas contrarias al bolchevismo se retiraran y Rusia quedara bajo el control del Partido Comunista Ruso.

LA FUNDACIÓN DE LA III INTERNACIONAL

Lenin tenía la convicción de que la revolución soviética se extendería por toda Europa dando paso a una nueva era donde el socialismo dominaría el mundo, y ello le llevó a fundar en marzo de 1919 la III Internacional, que pretendía planificar la revolución mundial proletaria. Para él la II Internacional había fracasado rotundamente, traicionando los principios socialistas internacionalistas. La reunión de Zimmerwald fue un antecedente de cara a construir una alternativa a la «traición internacionalista». Los bolcheviques tendrían en los partidos comunistas que surgieron por todo el mundo, bien por la escisión de los socialdemócratas o por la creación de nuevas organizaciones, un papel de dirección con una estructura centralizada que se vio limitada al control del nuevo Estado comunista. El 2 de marzo de 1919 se inauguró en el Kremlin una conferencia del Partido Comunista Ruso y de otros pocos partidos que se habían constituido en algunos países europeos con poca representatividad social. Los documentos elaborados descalificaban a la II Internacional y señalaban, por un lado, que el marxismo-leninismo era la verdadera interpretación de Marx y, por otro, la necesidad de establecer la dictadura del proletariado. En la conferencia de Moscú, la III Internacional se convirtió en la Komintern, controlada por los rusos, pues Rusia era el único país donde había podido triunfar la revolución socialista.

Al principio, muchos partidos socialistas se habían adherido a la III Internacional. Rusia representaba la esperanza de lograr una sociedad socialista, y se produjeron escisiones o incorporaciones a la nueva esperanza. Sin embargo, cuando el II Congreso, celebrado durante 21 días del mes de agosto de 1920, estableció las veintiuna condiciones para pertenecer a ella muchas organizaciones sindicales o partidos socialdemócratas se retiraron. Se indicaba, por ejemplo, en la condición número 16 que los nuevos partidos socialistas habrían de redactar programas de conformidad «con las condiciones de su propio país» y las resoluciones de la Internacional Comunista. Ello provocaba una dependencia de los soviéticos y, fracasadas las demás revoluciones, la URSS se convertía en el referente de la nueva Internacional, así como los partidos comunistas en una proyección de los comunistas rusos, que impusieron la estrategia que todos los comunistas debían cumplir, lo que sirvió a los intereses de la política exterior de la URSS, internacionalmente aislada al ser el único país, junto con la República de Mongolia en 1924, con un Estado que se proclamaba socialista.

En el caso de España, el PSOE y el sindicato anarcosindicalista Confederación Nacional del Trabajo (CNT) se adhirieron provisionalmente a la Komintern. La CNT lo hizo en su Congreso celebrado en el Teatro de la Comedia de Madrid, si bien constituyó una delegación que se trasladaría a Moscú para emitir un informe definitivo. También el IX Congreso del PSOE, celebrado a poca distancia del de la CNT en el mismo año de 1919, acogió con entusiasmo la Revolución Rusa, pero cuando llegó el armisticio de la I Guerra Mundial los socialistas estaban divididos entre los que querían reconstruir la II Internacional, con el espíritu de Zimmerwald, y los partidarios de ingresar en la III Internacional. Los terceristas del PSOE, es decir los partidarios de la III Internacional, fueron apareciendo desde distintos grupos socialistas, como el de la Escuela Nueva de Núñez de Arenas o el núcleo encabezado por Luís Araquistaín, y junto a ellos las Juventudes Socialistas, que contaban con unos 7.000 afiliados. En el Congreso de 1919 se dejaron las cosas en una calculada ambigüedad, pero en el siguiente Congreso extraordinario de junio de 1920 la Comisión Nacional del PSOE no pudo evitar la adhesión al Komintern aunque después de un intenso debate se aceptó una resolución provisional y se envió a Fernando de los Ríos y a Daniel Anguiano. Estos, que coincidieron en Moscú con Ángel Pestaña, de la CNT, recibieron las veintiuna condiciones como única propuesta. Los informes socialistas, sobre todo el del profesor Fernando de los Ríos, no fueron muy partidarios de aceptarlos. Se convocó un III Congreso extraordinario en abril de 1921.

Pablo Iglesias, enfermo y en cama, escribió en *El Socialista* un artículo: «No nos dividamos». La votación dio como resultado 6025 votos a favor de los terceristas frente a 8808 en contra, lo que supuso que el PSOE se desvinculaba de la III Internacional, aunque se reconocía en las filas socialistas que era un buen cambio lo que se había producido en Rusia a favor del socialismo, se dejó sentado que cada país debía llevar su propio ritmo. No obstante, un grupo minoritario de militantes fundó el Partido Comunista Obrero Español (PCOE). También los terceristas quisieron que la UGT, la central sindical socialista, se adhiriera a la Komitern pero Francisco Largo Caballero, que era su secretario general, siguió las consignas del partido.

Tampoco Ángel Pestaña quedó muy conforme con lo que observó en las reuniones de la III Internacional, y así lo informó. Sin embargo, los terceristas cenetistas enviaron otra delegación en 1921 para asistir al III Congreso de la Komintern, en la que iban Gastón Leval (francés de nacimiento, fue uno de los teóricos anarquistas refugiados en España para no participar en la I Guerra Mundial, y que influiría en diversos grupos anarquistas a los que representaba en la delegación) junto a los anarcosindicalistas Jesús Ibáñez, asturiano y representante del sindicato cenetista de la Construcción, e Hilario Arlandís, quien se haría posteriormente pro-bolchevique y colaboraría con los comunistas españoles heterodoxos Joaquín Maurín y Andrés Nin, y resultaría expulsado en 1931 de la CNT. Los testimonios de Pestaña y Leval fueron decisivos para revocar la decisión de la CNT de 1922. Pestaña escribiría: «Ya en Moscú, y puesto al habla con los camaradas dirigentes, comprendí cuán equivocados estuvimos en el Congreso de

Madrid de adherirnos a dicho organismo». Habían tenido ocasión de comprobar que muchos de sus militantes rusos eran perseguidos y eliminados, en algunos casos, por la *Cheka.*

LA CONSOLIDACIÓN DEL ESTALINISMO EN LA UNIÓN SOVIÉTICA

Lenin se había convertido en el referente más importante de la revolución en Rusia y en todo el mundo, incluso sus escritos se editaron en muchos idiomas y fueron casi un catecismo para los comunistas. Al marxismo se le añadió «leninismo» como elemento indicativo de que había que leer a Marx a través de Lenin. Sin embargo, después de la guerra civil rusa su salud comenzó a deteriorarse. A finales de 1921 sufrió el primer ataque que le apartó varios días del poder. Después de una breve mejoría tuvo una recaída en abril de 1922 que le paralizó parcialmente el cuerpo y le provocó dificultades para hablar, pero en octubre volvió a reemprender el trabajo con un aspecto enfermizo y escasas fuerzas. Un nuevo ataque, en diciembre, le obligó a retirarse hasta su muerte, el 21 de enero de 1924, en unos momentos en que no existía una consolidación definitiva de las nuevas instituciones políticas y no estaba claro quién podría sustituirle con éxito.

Antes de su muerte había dictado unas consideraciones sobre sus posibles sucesores y sobre el peligro de burocratización del régimen, ya que la unidad confederada de las repúblicas apenas se había logrado gracias a la centralización del Ejército Rojo. Fue Stalin quien se ocupó de agrupar las diferentes nacionalidades. Hasta 1920 las repúblicas federadas eran seis y estaban reguladas por tratados ambiguos, aunque la centralización democrática les daba poca autonomía. En 1921 se integró Georgia, de donde era Stalin, a quien sus aduladores llamaron «nuestro maravilloso georgiano». Precisamente el nacionalismo casaba mal con el marxismo, que afirmaba que los proletarios no tenían patria. Ya Lenin mantuvo una polémica con Rosa Luxemburgo sobre el derecho de autodeterminación y estimó que lo más importante era la lucha contra las burguesías liberales que controlaban los Gobiernos de la Europa occidental.

Lenin, que había dictado sus últimas voluntades poco antes de morir, lo hizo en diferentes momentos de su enfermedad. Escribió un texto para el Congreso del Partido y después aportó un suplemento en el que afirmaba:

> El camarada Stalin ha concentrado un inmenso poder y no estoy seguro de que sepa usarlo con suficiente prudencia. Trotsky es actualmente el más capaz de los miembros del Comité Central, pero tiene una excesiva seguridad en sí mismo y una excesiva tendencia a tomar solo en consideración el aspecto administrativo de los problemas [...] Bujarin es un valiosísimo teórico pero sus concepciones solo con la mayor perplejidad podían considerarse plenamente marxistas.

Stalin se hizo con todo el poder después de una feroz lucha entre 1925 y 1929. Si no era muy brillante, tenía una gran capacidad de trabajo y de conspiración. Estableció un control policial exhaustivo que le facilitó la tarea para deshacerse de sus posibles competidores y le dio la facultad de encarcelar y matar a todo aquel que considerara disidente. Eliminó a los principales dirigentes, colaboradores desde 1901 de Lenin y Trotsky, miembros de la primera hornada que se unieron al marxismo-leninismo y que les acompañaron en el exilio, quienes pudieron perfectamente ser los sucesores de Lenin: Kamenev (fusilado en agosto de 1936), Zinoviev (fusilado en agosto de 1936), que con anterioridad se habían aliado con Stalin para desbancar a Trotsky, y Bujarin (fusilado en octubre de 1938). El «Gran Terror», expresión que se utilizó posteriormente para caracterizar la etapa de Stalin al frente de la Unión Soviética, especialmente entre 1935 y 1939, alcanzó también a mandos del Ejército Rojo.

Stalin afrontó la realidad de que el comunismo no se extendía finalmente por el mundo. Proclamó entonces la defensa del «socialismo en un solo país» y dirigió a los partidos comunistas de todos los países en donde estos existían para que se convirtieran en una quinta columna que sostendría al régimen soviético hasta que fuera el momento oportuno de extender la revolución. Consideró que los enemigos de clase eran una amenaza para el triunfo revolucionario comunista y consideró a los partidos socialistas europeos colaboradores del capitalismo, llegándoles a llamar «social-fascistas».

La biografía oficial de Stalin está rodeada de una aureola hagiográfica como el gran padre que condujo al prestigio de la Unión Soviética, aunque Trotsky trató de desmitificarlo en otra biografía. A los quince años se separó de su madre, quien no tenía medios para sustentarlo, e ingresó en un seminario donde acumuló un sentimiento antizarista por las represiones disciplinarias que tuvo que sufrir. Su padre, alcohólico, había abandonado a la familia. Llevó una vida dura en la clandestinidad como revolucionario profesional, y tomó hacia 1910 el nombre de *Stalin*, «Acero», para evitar ser identificado por la Policía zarista. Poco a poco, consiguió el apoyo de Lenin, con quien colaboraría estrechamente. Se casó en 1918 con una joven, veintidós años menor que él, que acabó suicidándose. Fue, en realidad, un hombre solitario que adquirió una fama de héroe a raíz de la II Guerra Mundial y consiguió extender, después de la victoria aliada en 1945, al comunismo en muchos países del este de Europa con la formación de las llamadas «Repúblicas socialistas democráticas» donde los demás partidos fueron desapareciendo y todo el poder político recayó en los comunistas.

A partir de controlar el poder del PCUS y del Estado soviético, Stalin proyectó una política de industrialización forzosa que desmanteló a muchos campesinos, eliminó a los *kulaks,* los pequeños propietarios, y obligó a la colectivización de todas las tierras. Se calcula que miles de kulaks murieron en el proceso de los planes quinquenales que vinieron a sustituir a los últimos vestigios de la NEP, que había provocado escasez de productos agropecuarios porque los agricultores se guardaban las cosechas y traficaban en el mercado negro. Los campesinos, que fueron obligados a trabajar en la industria, vivían en condiciones míseras, con escasos alimentos, en tiendas de campaña y vigilados por la Policía.

Stalin, asimismo, estableció «la revolución desde arriba» como único modelo, con la colectivización agraria e industrial, convirtiendo a la URSS en una potencia industrial a costa de restringir el consumo. Construyó grandes fábricas con la producción de industrias básicas como el acero y hierro, y triplicó la producción de petróleo y de energía eléctrica. Todo ello produjo un au-

mento y concentración de la población en los centros industriales y una escasez de viviendas que provocó que
muchas familias tuvieran que vivir apiñadas en un solo
cuarto. Pero siempre vivió preocupado por las posibles
intrigas que podían surgir a su alrededor.

4

De la II Guerra Mundial a la Guerra Fría (1939-1945)

EL TRIUNFO DE LA DEMOCRACIA EN LA EUROPA OCCIDENTAL: SOCIALISMO Y COMUNISMO FRENTE A FASCISMO Y NACIONALSOCIALISMO

Se ha escrito en abundancia sobre los felices años 20, el tiempo posterior a la Gran Guerra, que propiciaron grandes beneficios en la bolsa y en la especulación inmobiliaria, pero no fueron tan lúcidos como se proclamaban. Algunos se daban cuenta de que aquella manera de vivir era ficticia, y ya antes de 1914 sectores económicos como el carbón, los textiles, la siderurgia y la metalurgia estaban perdiendo fuelle en los mercados. En realidad la crisis que estalló en 1929 venía anunciada, aunque solo unos cuantos se aventuraron a predecirla.

La sociedad había cambiado radicalmente en el mundo civilizado. Los imperios se habían diluido y los valores tradicionales de la jerarquía estaban trastocados. La gente demandaba participación y deseos de disfrutar de los placeres que la tecnología iba proporcionando, además muchos creían estar a las puertas de una nueva era en la que el capitalismo estaba condenado a desaparecer.

Pero al mismo tiempo se extendió entre muchos intelectuales un sentimiento de pesimismo y frustración. Ya no servían los versos encendidos a la gloria del combate como lo hiciera el poeta británico Rupert Brooke (1887-1915), ni la exaltación con ardor de la cultura germánica de un extraordinario escritor como Thomas Mann. Oswald Spengler expresó los sentimientos de una época en su obra *La decadencia de Occidente,* donde se hacía una interpretación biologista y profética de las culturas que adquirió una gran difusión. Estas nacen, crecen y mueren, y Occidente estaba a las puertas de su final, agotado y había entrado en barrena. Todo empezó a cuestionarse: ¿dónde estaba la verdad? Incluso la ciencia se replanteaba muchas de sus aseveraciones como el «principio de incertidumbre» del físico Werner Heisenberg, que en la década de 1920 explicaba que las partículas moleculares no tenían la misma consistencia cuando cambiaban de movimientos por lo que era difícil establecer un conocimiento seguro de las mismas, lo que significaba que la ciencia tampoco daba absoluta seguridad sobre el conocimiento de la realidad. También Albert Einstein había roto con la física de Isaac Newton con su teoría de la relatividad. El mismísimo escritor checo Franz Kafka lo expresó en toda su obra, especialmente en *El Proceso,* y con él los dadaístas y surrealistas, que hicieron de la realidad algo incomprensible. Detrás de la razón estaba el subconsciente, como apuntaría Sigmund Freud, el creador del psicoanálisis. La novela *Adiós a las armas,* del estadounidense Ernest Hemingway, expresaba el sentimiento de destrucción que había representado la guerra y que él conoció como corresponsal en París. La pintura, si bien ya venía haciéndolo desde el impresionismo, dio un cambio radical para expresar las figuras, los colores y una perspectiva distinta como lo haría Picasso con el cubismo. Las costumbres cambiaron y las mujeres, que habían sido reclutadas como mano de obra en la retaguardia mientras los hombres luchaban en el frente, reclamaron su papel y exigieron igualdad de derechos. En este contexto, una revolución triunfante, la bolchevique, tenía la esperanza de que pronto se extendería por todos los continentes.

Los mismos militantes socialistas, que predicaban el internacionalismo y la superación del nacionalismo, no habían sabido oponerse con contundencia a una espantosa guerra, y la II Internacional no cumplió sus objetivos de anteponer la lucha de la clase obrera («Los trabajadores no tienen patria», decía un lema socialista) a los intereses nacionales de cada Estado.

La radio, por ejemplo, cambió la vida y costumbres de muchas personas. Pronto los políticos se dieron cuenta de lo que significaba como elemento de propaganda, información e influencia sobre las costumbres e ideas de los oyentes. A partir de 1920 aparecieron las primeras emisoras, como la BBC británica, que fueron multiplicándose por todo el mundo, al tiempo que la industria de fabricación de radios se convirtió en un negocio muy rentable. La aparición de las masas como referente principal de todos los mensajes transformó las relaciones sociales, y así lo constató, con cierto temor elitista, el pensador español José Ortega y Gasset en *La rebelión de las masas*. Precisamente esos obreros, pequeños y medianos propietarios campesinos y miembros de la clase media que en los primeros años del siglo XX habían dado, de alguna manera, su respaldo al socialismo, ahora se dejarían llevar, en gran parte, por el discurso fascista que se instauró en Italia y en Alemania, y que tendría una relevante fuerza política y movilizadora en muchos otros países europeos.

Los nuevos Estados surgidos de la desmembración de los imperios Alemán y Austro-Húngaro, como Yugoslavia o Checoslovaquia, resultado de los tratados de paz suscritos y de la política del presidente estadounidense Wilson, no estuvieron exentos de dificultades dada la inclusión en los mismos de distintas nacionalidades, algo que, asimismo, le ocurrió a Polonia, que integró en su nuevo espacio a alemanes y rusos. El liberalismo y el sistema parlamentario parecían estar en decadencia, y los Gobiernos de los países democráticos duraban un corto espacio de tiempo, mientras que la socialdemocracia pasaba a la oposición o participaba en gobiernos de concentración en los países con elecciones libres, al tiempo que se instauraban dictaduras en el este y en el sur de Europa. Por su parte, los comunistas no consiguieron articular un movimiento que les llevara al triunfo internacional y siguieron las pautas de la Komintern, que fijaba su principal estrategia en que en la URSS la revolución se mantuviera a la espera de tiempos mejores.

Los tres pilares de las sociedades occidentales eran una burguesía industrial, un proletariado urbano y un campesinado formado por pequeños y medianos propietarios que veían cómo su mundo se derrumbaba y comenzaba a participar activamente en política, optando, en muchos casos, por opciones conservadoras o fascistas. Los terratenientes tendían a desaparecer con las reformas agrarias practicadas después de la Gran Guerra, y el campesinado sin tierra era una amenaza por su reclamación de tierras para todos. Solo en lugares como los países escandinavos se articularon una conjunción de los tres elementos, la socialdemocracia contó con apoyo y puso los cimientos del primer estado de bienestar, donde el Estado empezó a intervenir en la política económica de una manera más intensa.

En otros países, las tensiones campo-ciudad se hicieron cada vez más fuertes y una parte de la clase trabajadora y pequeños propietarios contribuyeron, en parte, al triunfo del fascismo, mientras los partidos liberales veían disminuir su apoyo electoral, como ocurrió en España a partir de 1917 hasta la Dictadura de Primo de Rivera. Pero también democracias de gran consistencia se vieron en apuros, como Gran Bretaña, que aprobó en el Parlamento la Emergency Power Act, que permitía al Gobierno tomar medidas excepcionales si se producía una situación revolucionaria, como ocurrió en la huelga general de 1926 decretada por los sindicatos. Los laboristas, liderados por el moderado Ramsey McDonald, sustituyeron en la representación política a los liberales, aglutinando a los obreros industriales y a las clases medias urbanas a partir de octubre de 1922.

Así, a finales de la década de 1920 existía una Europa democrática, en su parte occidental y nórdica, que creía, aun con sus dificultades, en el sistema parlamentario, y otra, mediterránea y oriental, que optó por regímenes dictatoriales que en algunos casos, como el fascismo, no se limitaron a una política autoritaria sino a una nueva concepción del Estado y de las relaciones con las masas populares. Cuando la República de Weimar entró en barrena con el triunfo nazi, la balanza se desequilibró y el enfrentamiento estaba cantado.

Además, las tensiones inflacionarias de los nuevos Estados, que depreciaron sus monedas para salvar las dificultades presupuestarias y tuvieron que improvisar una burocracia y unos servicios para sus ciudadanos que provocaron el caos económico, con políticas proteccionistas que redujeron el comercio mundial, contribuyeron a que aumentara el paro y descendiera la producción industrial, sin que hubiera una política global de reconstrucción. Los socialistas asumieron carteras ministeriales en Gran Bretaña, Francia o Alemania si bien no estaban preparados para afrontar las consecuencias de la economía de mercado.

La crisis económica de 1929 se combinaba con una crisis política, pero ¿cuál fue primero? Tendemos a considerar que la economía fue el elemento desencadenante de la catástrofe que acabó en otra guerra, más cruel y destructiva, entre 1939 y 1945, aunque, sin embargo, fue la política la que tuvo un papel estelar por la incapacidad de los Gobiernos para enfrentarse a los nuevos problemas de un mundo que empezaba definitivamente a ser global. Por eso hoy se empieza a tener en consideración un periodo largo de crisis política y conflagraciones militares, que abarcaría desde 1914 a 1945, donde los socialistas tuvieron que adaptarse a un nuevo rol: defender el sistema democrático liberal, mientras los comunistas seguían proyectando en la Unión Soviética su esperanza de que llegara el gran día de la revolución mundial, pero no a la manera que pensaba Trotsky, el gran derrotado por Stalin. La «revolución permanente» de aquel intentaba dar una visión distinta del comunismo y aglutinar a sus partidarios en una IV Internacional, que a modo de ejemplo consiguió el apoyo de un muy minoritario partido español, el Partido Obrero de Unificación Marxista (POUM). Trotsky fue asesinado en 1943 en su exilio de México por orden de Stalin, precisamente por la mano de un comunista español, Ramón Mercader. Después de la Guerra Civil española, que tuvo lugar entre 1936 y 1939, en la que los alemanes apoyaron a las fuerzas rebeldes del general Francisco Franco; de la anexión de Austria por Alemania en marzo de 1938, el llamado *Anschluss;* y de la crisis checa con el golpe de Estado propiciado por los nazis en marzo de 1939, las cosas no podían acabar más que en la II Guerra Mundial a pesar de la política de concesiones para con el régimen expansionista del líder alemán Adolf Hitler que mantuvieron Gran Bretaña y Francia durante los años 30 de aquel siglo XX.

El fascismo italiano y el nacionalsocialismo alemán

Después de la estabilidad de la Revolución Rusa con el progresivo control de Stalin desde la década de 1920, se desencadenó en Europa un movimiento anticomunista que se concretó en las dictaduras militares o fascistas, como en Italia en 1922 bajo el liderazgo de un antiguo socialista revolucionario, Benito Mussolini. Para muchos historiadores el fascismo era pura fachada, nada había detrás, solo vana retórica. Sin embargo, consiguió un apoyo sustantivo de muchos trabajadores, de las clases medias y de la alta burguesía.

El movimiento fascista se había fundado en 1919 en Milán, con el Partido Nacional Fascista (PNF), que pronto se extendió por las principales ciudades italianas, obteniendo treinta y cinco diputados en el Parlamento en 1921. Su nacionalismo, antisocialismo y anticomunismo fueron sus señas de identidad, aunque también tuvo un discurso retórico anticapitalista y practicó la violencia contra sus adversarios.

El término «fascismo» proviene de la palabra latina *fasces,* que era el haz de varillas portadas por los lictores, quienes simbolizaban el poder y acompañaban a los magistrados de la antigua Roma. Mussolini prometió que Italia volvería a convertirse en el eje de un nuevo imperio que recordaría la gloria pasada de Roma, pero únicamente llegó a conquistar las zonas desérticas de Libia y la antigua Abisinia. La palabra «fascismo» ha permanecido como sinónimo de un tipo de régimen donde el líder es el referente de una dictadura férrea que desde el Estado quiere construir un mundo nuevo e incide en un nacionalismo cargado de elementos sentimentales con expresiones, a veces, de carácter socialista pero contrarias al internacionalismo proletario.

En marzo de 1919, Mussolini organizó unas escuadras militarizadas, los *fasci di combattimento,* también conocidos como los «camisas negras» por el color de su indumentaria, para que lucharan contra las huelgas convocadas por los sindicatos y apoyadas por socialistas y comunistas. La crisis económica posterior a la I Guerra Mundial creó un ambiente de convulsión social, y los fascistas defendían un nacionalismo exacerbado y la regeneración social y económica de Italia con lemas vagos como la transformación del Estado, lo que le hizo captar a distintas capas sociales.

La inestabilidad se había instalado en la vida política italiana. Los Gobiernos se sucedían con rapidez: veintidós gabinetes entre 1860, cuando la unificación, y 1922. Gobiernos formados por múltiples partidos, donde era habitual la corrupción. El primer ministro liberal Giovanni Giolitti (desde 1892 a 1893, de 1903 a 1905 y desde 1906 hasta 1909, así como entre 1911 y 1914) buscó la colaboración de los socialistas, pero el conflicto iniciado en 1914 transformó la vida política porque los partidos no se pusieron de acuerdo sobre la posición de Italia en la I Guerra Mundial. El rey Víctor Manuel III prefirió evitar la confrontación social y vio en el fascismo una solución ante la incapacidad de los partidos tradicionales para tomar decisiones. Mussolini había conseguido captar la atención de muchos sectores sociales aunque los fascistas solo contaban con 35 diputados de un total de 535.

El Congreso Fascista celebrado en Nápoles organizó una marcha sobre Roma, en octubre de 1922, contra el Gobierno liberal elegido por el Parlamento. Antes de que los partidarios de Mussolini llegaran a la capital italiana, Víctor Manuel III le ofreció el puesto de primer ministro, sin hacer caso al ministro Facta, que le instaba a declarar la ley marcial. Italia se convirtió, en poco tiempo, en un Estado fascista, transformado en una dictadura con la supresión de la libertad de expresión y del resto de partidos políticos, mientras que los sindicatos pasaban a estar controlados por el Gobierno. El partido y el Estado se fusionaron mediante el Gran Consejo Fascista y Mussolini se convirtió en *capo del governo e duce del Fascismo.*

Mussolini practicó una política proteccionista e intervencionista y reguló los contratos colectivos entre patronos y obreros. Las huelgas estaban prohibidas y se practicaba una permanente persecución contra los socialistas, comunistas y liberales, algunos encarcelados y obligados a tomar aceite de ricino o tragar sapos vivos.

Benito Mussolini dando un discurso en la tribuna de la plaza
de Milán en mayo de 1930. Entre las cosas que prometió era
que Italia recuperaría la gloria pasada de Roma, pero
únicamente llegó a conquistar las zonas desérticas
de Libia y la antigua Abisinia.

Muchos fueron asesinados. Mussolini había negado en su obra *Doctrinas política y social del Fascismo* que la historia se moviera por la lucha de clases como pensaba Marx, y consideraba al parlamentarismo liberal un sistema caduco. Sus propuestas fueron un caleidoscopio antidemocrático, aristocrático, industrialista, nacionalista y defensor de los pequeños propietarios agrícolas que tenían una tradición de sindicalismo católico, todo ello unido a una retórica que hablaba de revolución nacional.

Hay que buscar los antecedentes del propio fascismo en el movimiento sindicalista francés de Georges Sorel, que se imbricó con el nacionalismo de Charles Maurras para lograr una efectiva movilización de las masas trabajadoras en Francia. En Italia este papel lo representó Gabriele D'Annunzio, que consiguió impregnar de nacionalismo a muchos sectores sociales, especialmente a aquellos trabajadores que se vieron afectados por la instalación de grandes industrias, así como a un campesinado arruinado cuando la crisis económica empieza a afectar a las exportaciones. Además, el Partido Socialista Italiano (PSI) se dividió, en 1921, con la fundación de un Partido Comunista, dirigido por Gramsci, uno de los principales teóricos del marxismo a quien ya conocemos desde el capítulo anterior, quien pensaba que era necesaria una política cultural de izquierdas para ir cambiando la mentalidad de los trabajadores. Gramsci murió en la cárcel en 1936, y Giacomo Matteotti, líder del reformista Partido Socialista Unificado Italiano (PSUI), sería a su vez asesinado por un grupo fascista, en 1924, lo que provocó que los socialistas abandonaran el Parlamento controlado por Mussolini.

El fascismo defendió la monarquía y tranquilizó a los grandes industriales como Giovanni Battista Pirelli, fabricante de neumáticos, o Giovanni Agnelli, fundador de Fiat. Consiguió la mayoría parlamentaria necesaria para actuar a su antojo y cambiar la ley electoral en 1923, por la que el partido que obtuviera el 25% de los votos dispondría de las dos terceras partes de los diputados. En las elecciones de abril de 1924 los fascistas consiguieron el 64% de los votos, lo que les daba 404 escaños. Sin embargo, en 1925 prescindió del Parlamento mediante una ley que cambiaba la Constitución y que disponía que Mussolini fuera solo responsable ante el rey. Impuso el partido único que transformó el Estado en 1928, donde los representantes serían elegidos por el Gran Consejo Fascista. Creó así un Estado corporativo por el que los sindicatos fueron transformados en corporaciones nacionales y se estableció una Cámara Corporativa. Sin embargo, hubo conflictos entre los miembros de las instituciones, como alcaldes o prefectos, con los dirigentes del partido, todo ello con la exaltación del Duce como líder indiscutible, convertido en el centro del régimen que había conseguido la unidad nacional y eliminar las tensiones sociales.

De igual manera, la situación cambió en la Alemania de la época, con paralelismos con el caso italiano, aunque también sustanciales diferencias. Cuando se proclamó la República de Weimar muchos alemanes se sintieron agraviados con las resoluciones del Tratado de Versalles, por las duras condiciones que este les imponía. Surgió un Partido de los Trabajadores Alemanes, fundado por Anton Drexler en Munich, en enero de 1919, que defendía una política antiliberal y racista y culpaba a los judíos y socialdemócratas de la derrota militar. En él ingresó un austriaco, Adolf Hitler, nacido en 1889, que había combatido en la I Guerra Mundial y se convertiría

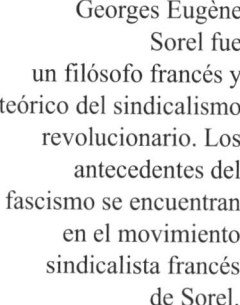

Georges Eugène Sorel fue un filósofo francés y teórico del sindicalismo revolucionario. Los antecedentes del fascismo se encuentran en el movimiento sindicalista francés de Sorel.

en uno de los teóricos del partido. Elaboró un programa con veinticinco puntos y fue nombrado, por su capacidad oratoria, jefe de propaganda. Todos coinciden en que sus discursos eran electrizantes y supo aprovecharse de las nuevas tecnologías de la información, como la radio y el cine, que comenzaban a despuntar. Pero él no es el único responsable del triunfo del nazismo. Si su mensaje no hubiera tenido aceptación entre muchos alemanes, este no se hubiera impuesto. El nuevo partido comenzó a llamarse «Partido Nacional Socialista de los Trabajadores Alemanes» (NSDAP), que destacaba en su propio nombre el concepto «socialista». Hitler se convirtió en su líder indiscutible cuando consiguió que Drexler fuera expulsado ante las desavenencias que ambos tuvieron sobre la estrategia a seguir. Creó la Sturmabteilung (SA), que era una organización paramilitar para entrar en combate. Se fijó en la marcha sobre Roma de Mussolini y quiso hacer algo parecido en 1923 en Baviera, dirigiéndose a Munich, pero la Policía desmontó sus planes y fue juzgado y sentenciado a cinco años de reclusión, que aprovechó para redactar su libro más importante *Mein Kampf (Mi lucha),* en 1924, en el que señalaba que:

> Ningún pueblo de la Tierra posee un solo palmo de su territorio por gracia de una voluntad divina o de un derecho divino. Las fronteras de los Estados las hacen los hombres [...] Nuestros antepasados conquistaron el suelo con riesgo de sus vidas, así también no por graciosa donación obtendrá nuestro pueblo en el futuro el suelo —y con él la seguridad de subsistencia— sino por una espada victoriosa.

Se replanteó la estrategia del partido en 1925 y decidió utilizar la vía parlamentaria para conseguir sus fines. Sus tesis se impusieron en la Conferencia de Bamberg, en febrero de 1926, donde se enfrentó a los que querían resaltar más el socialismo que el nacionalismo. A partir de entonces tuvo el control absoluto de la organización, que llegó a alcanzar más de cincuenta mil afiliados, con un programa que muchos alemanes compartían: la abolición de las reparaciones impuestas en el Tratado de Versalles, el rearme, la expansión por aquellos territorios que tenían cultura alemana, la persecución de los judíos y la abolición de la República de Weimar, que con un sistema de representación proporcional provocaba un pluripartidismo que hacía difícil la gobernabilidad. Las condiciones económicas por las que atravesaba Alemania, con una inflación galopante, había provocado un fuerte desempleo (en 1932 existían siete millones de parados) y pobreza. La industria se vio muy perjudicada por

132

la falta de inversiones extranjeras y el sistema financiero era muy débil, al tener como estrategia la concesión de préstamos a largo plazo, en una situación que las empresas no podían afrontar. De hecho, se formaron veintidós Gobiernos antes de que Hitler se hiciera con el poder, con coaliciones del Partido Demócrata Alemán, el Centro Católico, los socialistas, el Partido Popular Alemán y los nacionalistas, coaliciones en las que los comunistas nunca contaron como miembros. Para muchos, la República de Weimar no tenía legitimidad. Una serie de intelectuales como Johannes Peter Müller, Karl Schmidt, Martin Heidegger, o Ernst Jünger, junto a personalidades de la vida pública alemana, no creían en su sostenibilidad y eran profundamente antidemocráticos. Las opciones liberales estaban divididas y no supieron aglutinar a los sectores sociales mayoritarios.

El Partido Socialdemócrata Alemán (SPD) no consiguió establecerse como una opción de gobierno ni buscó la alianza con otras formaciones, rechazando su participación en la gobernabilidad de la República entre 1923 y 1928. Era el representante de la clase obrera alemana pero no supo abrirse a otros sectores de las clases medias, al contrario de lo que hacían los laboristas ingleses.

Al salir de la cárcel, Hitler se impuso como principal tarea agrupar a todas las formaciones nacionalistas dispersas en Alemania y esa decisión le permitió lograr cada vez mayor apoyo popular. En 1930 obtuvo más de seis millones y medio de votos. Sin embargo, en las elecciones a la presidencia de la República en 1932 el mariscal monárquico Paul von Hindenburg le ganó en votos y entonces cambió su estrategia y batalló para conseguir la cancillería, es decir, para ser primer ministro del Gobierno. Aunque en las elecciones de noviembre de 1932 Hitler perdió apoyo electoral, su figura se acrecentaba en todos los sectores sociales alemanes. El presidente de la República, que disponía de amplios poderes de acuerdo con el artículo 48 de la Constitución, facilitó su llegada al poder el 30 de enero de 1933 y le nombró canciller en un Gobierno de coalición que incluía tres nazis.

Hitler decretó poderes dictatoriales el 28 de febrero de 1933. Sus transformaciones legales significaron un «golpe de Estado» legal porque todo se hizo bajo la apariencia de la letra de la Constitución. Utilizó el miedo al peligro del comunismo bolchevique, suprimió los partidos políticos y encarceló especialmente a socialdemócratas, comunistas y sindicalistas. La disensión con los postulados oficiales acarreaba años de cárcel e incluso la muerte. Se convirtió en un delito pertenecer a una formación que no fuera la del NSDAP. La mayor parte de los empresarios acabaron apoyando el nazismo, así como la antigua aristocracia de los grandes propietarios agrícolas, los llamados *junkers,* y gran parte de los oficiales del Ejército. Los nacionalsocialistas supieron aglutinar el descontento de grandes capas de la población y mantener una táctica de división de la izquierda enfrentando a comunistas y socialistas. Sin embargo, los historiadores discuten que el principal apoyo del nazismo estuviera fundamentalmente entre los obreros y las clases medias, que sin duda le dieron respaldo. Los grandes industriales y terratenientes vieron en el nazismo una fuerza de contención contra la revolución socialista cuando todavía estaba reciente su triunfo en Rusia. Sin lugar a duda, la debilidad política de la República de Weimar fue una de las principales causas del triunfo nazi. En 1934, Hitler se había hecho con el poder absoluto y Joseph Paul Goebbels había propiciado ese éxito en tanto que principal artífice de la propaganda. Consiguió quitar la potestad educativa a los *länders* (estados) y formó un Ministerio de Educación para toda Alemania, con unos profesores que tenían obligatoriamente que afiliarse al partido. La censura se aplicó a todas las publicaciones. Como han resaltado algunos de sus biógrafos, Hitler se dejaba llevar por impulsos y con ellos provocó disfunciones y enfrentamientos entre la Administración del Estado y los representantes del partido. Creía poco en las formalidades de las leyes e interpretaba que estas debían ser reflejo de los sentimientos del pueblo, que se expresaba a través de la voluntad del *Führer*. Fomentó un antisemitismo visceral, proclamando la superioridad de la raza aria, e hizo de la política racial una prioridad del nazismo.

Por otra parte, la política antijudía tuvo varias fases. La primera, llevada a cabo entre 1933 y 1938, imponía por ley una serie de limitaciones a las actividades de los judíos: no podían ser funcionarios del Estado y se prohibían los matrimonios y las relaciones sexuales entre aquellos y los arios alemanes. A partir de 1938, se acentuó el antisemitismo prohibiéndoseles establecer comercios, y así, en la llamada «noche de los cristales rotos», entre el 8 y 9 de noviembre, se destruyeron muchos locales judíos. Goebbels, ministro de Propaganda, justificó los actos como «la indignación del pueblo alemán» contra los explotadores judíos, en medio de una feroz actuación contra estos. Posteriormente, ya en plena II Guerra Mundial, aplicó la «solución final» a través de las cámaras de gas instaladas en distintos campos de exterminio. Era necesario, según el ideario hitleriano, acabar con todas las impurezas de la raza y establecer la superiori-

En las elecciones a la presidencia de 1932, Paul Ludwig Hans Anton von Beneckendorff und von Hindenburg, le ganó a Hitler y este se vio forzado a cambiar su estrategia política. Batalló, entonces para ser primer ministro de Gobierno.

dad genética del ario, una obsesión personal de Hitler como se demuestra en las frases despectivas de sus discursos hacia los judíos.

No existió en el partido nazi una política económica definida y coherente: osciló entre el control del empleo por el Estado, y la práctica de un liberalismo moderado que consiguiera una balanza comercial con superávit y las medidas autárquicas tanto en la industria como en la agricultura. En 1937 se tenía claro que la economía debía prepararse para la guerra mediante el rearme, lo que provocó una disminución del paro y un aumento del PIB. Ya iniciada la II Guerra Mundial, las estrategias se trastocaron por las necesidades de producción que esta llevaba aparejadas, especialmente a partir de 1941, cuando Alemania invadió la Unión Soviética.

La Gestapo se convirtió en la policía política del régimen, aunque algunos discuten su eficacia por cuanto fue más un producto que la propaganda nazi le atribuyó que de efectividad policial. Se dio verdaderamente una oposición interna al nazismo, como se ha puesto en evidencia en algunas investigaciones, que han demostrado no solo la existencia especialmente de grupos clandestinos de la oposición socialista o comunista, sino incluso el hecho de que muchos católicos protestaran cuando en sus escuelas se sustituyeron los crucifijos por retratos de Hitler.

Otro de los objetivos de Hitler y de los nazis era concentrar en un único Estado a todos los que vivían en otros lugares pero eran de cultura alemana. El dictador de origen austriaco consiguió, por medio del denominado «Pacto de Munich» del 30 de septiembre de 1938 con Gran Bretaña y el respaldo de Francia, aunque esta contaba cada vez menos en las relaciones internacionales europeas, que la parte de los Sudetes (lugar situado en territorio checo pero habitado mayoritariamente por gentes de procedencia alemana) pasaran a Alemania; y seis meses después sus tropas ocuparon toda Checoslovaquia. El 1 de septiembre de 1939 invadió Polonia para cumplir el proyecto nazi de ampliar su «espacio vital», con lo que se iniciaba la II Guerra Mundial. El escritor austriaco Joseph Roth afirmó premonitoriamente en febrero de 1933, en una carta a su amigo el escritor judío Stefan Zweig:

> Sabe Vd. que nos aproximamos a grandes catástrofes. Aparte de lo privado —nuestra existencia literaria y material queda aniquilada— todo conduce a una nueva guerra. No doy un céntimo por nuestras vidas. Los bárbaros han conseguido gobernar. No se haga ilusiones. Gobierna el infierno.

JAVIER PANIAGUA

LA EXPANSIÓN DEL COMUNISMO EN EL MUNDO Y LA CONTRAOFENSIVA OCCIDENTAL

La defensa del poder de los soviets en la URSS: del internacionalismo revolucionario al socialismo en un solo país

Stalin, después de consolidar su poder, estaba convencido de que Rusia no sería un caso excepcional. Aunque se había producido en Europa el fracaso revolucionario, debía seguirse fielmente la estrategia que señalaba el Partido Comunista de la Unión Soviética (PCUS) a través de la III Internacional, y estar dispuesto, en cualquier momento, a iniciar la revolución, aunque ya se tenía el convencimiento de que esta no llegaría tan rápido. Era fundamental que la Unión Soviética se mantuviera como Estado comunista para ejemplo de otros pueblos. Por eso, al principio no le disgustó al propio Stalin que triunfaran en otros países los fascismos pues interpretaba que no eran otra cosa que una gran contradicción del capitalismo, el cual acabaría destruyéndose. Cuando en algunos países comenzó la persecución a los comunistas y el deseo de aislar a la URSS y acabar con su régimen, Stalin cambió de táctica y planteó los frentes populares, la alianza entre socialistas, comunistas y partidos liberales que consideraba progresistas para enfrentar al fascismo. Es lo que ocurrió en Francia con un Gobierno presidido por el socialista Léon Blum, y en España tras las elecciones de ese mismo año de 1936, en las que ganó el Frente Popular.

Pero lo que nadie se esperaba es que la Unión Soviética firmara un acuerdo con Alemania, el conocido como «Pacto Germano-soviético», en agosto de 1939.

Los dos ministros de Asuntos Exteriores de ambos países, Joachim von Ribbentrop por Alemania y Viacheslav Mijailovich Scriabin, conocido por su nombre clandestino de «Molotov», por la URSS, llegaron a aceptar que desistían de «cualquier acto de violencia, de cualquier agresión y de cualquier ataque entre ellos, ya fuese individualmente o en cooperación con otras potencias». En ese acuerdo casi *contra natura* se incluía un protocolo secreto por el que ambas potencias decidían la influencia alemana y rusa en la Europa del este, especialmente en Polonia. Stalin invadió Polonia el 17 de septiembre de 1939, cuando ya los alemanes habían desencadenado la guerra con la invasión por el oeste el día 1 del mismo mes y habían destruido la mayor parte de la aviación militar polaca. Ocupó Bielorrusia y Ucrania, restableciendo las fronteras de antes de 1920. De esta manera, la Unión Soviética recuperó los países que habían quedado fuera de su soberanía tras la Revolución de Octubre, y también asimiló los Estados bálticos de Estonia, Letonia, Lituania y parte de Finlandia.

A partir de entonces, Alemania y la Unión Soviética compartían una frontera común, pero el tratado lo rompió Hitler al invadir Rusia el 22 de junio de 1941 en la llamada «operación Barbarroja». Durante el tiempo que duró el tratado, Stalin pudo acelerar la producción de armas y prepararse para resistir la ofensiva del Ejército alemán, especialmente en Stalingrado, que quedaría totalmente destruida y significaría el comienzo de un cambio radical en la contienda a favor de los aliados, es decir, de los países opuestos a Alemania y los otros países fascistas. La interpretación del Pacto Germano-soviético ha oscilado entre quienes defienden que suponía una política a largo plazo para Stalin, o los que consideran la necesidad soviética de llegar a un acuerdo con Alemania para la mera recuperación de aquellos territorios que habían pertenecido a la Rusia imperial. Sin embargo, muchos comunistas alemanes, que estaban en el exilio o detenidos, sufrieron una profunda decepción y algunos militantes se suicidaron. La historia oficial, mientras existió la Unión Soviética, fue que el pacto había sido algo necesario dadas las circunstancias de aislamiento en que vivía el país. Otros historiadores, recientemente, niegan esa imperiosa necesidad puesto que, dado que en realidad Alemania no tenía intención de invadir en 1939 la URSS, esta perdió la iniciativa e hizo posible que los alemanes incrementaran la producción armamentística en un grado muy superior al Ejército soviético durante los años en que se mantuvo el acuerdo. El Pacto Germano-soviético no hizo desistir a Hitler de su intención clara de invadir la Unión Soviética, sino que solo la retrasó, lo que evidencia que Stalin no tenía una perspectiva correcta de la situación. Este, cuando se enteró de la invasión alemana, sufrió una crisis nerviosa y se quedó sin respuesta durante un tiempo en su residencia del Kremlin. Además, no disponía de mandos bien preparados en el Ejército Rojo después de las depuraciones que él mismo había llevado a cabo para mantenerse al frente del único país comunista del mundo.

Desde 1941 hasta 1943, el territorio soviético vivió en un auténtico caos, sin capacidad de respuesta ante la gran maquinaria militar germánica, cuyas tropas en algunos lugares fueron vistas como liberadoras del comunismo. Todo el esfuerzo económico de la URSS se dirigió a la construcción de nuevo armamento. Stalin se quejó ante los británicos y estadounidenses por no crear un frente en Francia que aliviara la presión alemana. No obstante, los británicos abrieron una brecha en el norte de África al Ejército mandado por el mariscal alemán Erwin Rommel y, de hecho, la batalla que ganaron las tropas de Bernard Law Montgomery en El Alamein coincidió con la liberación de Stalingrado. La resistencia de Moscú proporcionó una fuerza patriótica contra el invasor extranjero y la exaltación nacionalista rusa, al igual que la decisiva batalla de Kursk, donde los carros de combate soviéticos derrotaron a los tanques alemanes que abandonaron las tierras rusas a finales de 1944, tras de lo cual comenzó el avance soviético sobre los países del este de Europa. Stalin declaró también la guerra a Japón en agosto de 1945, ocupando Corea, Manchuria, las islas Kuriles y Sajalin. El líder soviético se preocupó especialmente de aquellas nacionalidades que habían colaborado con los alemanes, las cuales fueron duramente represaliadas. Unos 5 500 000 rusos o miembros de pueblos asimilados se habían rendido a los alemanes, de los que se calcula murieron más de 3 400 000. Muertos que se unen a los 43 millones de fallecidos de la I Guerra Mundial, la Revolución, la guerra civil, las purgas estalinistas, en el amplio territorio de la Unión Soviética.

El avance del Ejército Rojo hacia el oeste fue decisivo para que los partidos comunistas se impusieran y crearan las denominadas —de forma ciertamente inapropiada— «repúblicas democráticas», que se mantuvieron fieles a la Unión Soviética hasta más de cinco décadas después, ya con la caída del muro de Berlín el 9 de noviembre de 1989. Al principio, los comunistas colaboraron con otros partidos políticos en las repúblicas del este de Europa, pero pronto asumirían todo el poder, marginarían a otras formaciones, y muchos de los líderes de las no comunistas resultarían encarcelados o ajusti-

ciados. Con estas acciones dio comienzo la consolidación del llamado «Bloque soviético», cuyas políticas serían férreamente controladas por la URSS hasta la caída
del muro de Berlín. Las soberanías como estados de esos
píes quedaron, por tanto, sometidas a la estrategia del
PCUS.

La invasión alemana había permitido a Stalin establecer relaciones con Gran Bretaña y con Estados Unidos, rotas desde la revolución bolchevique, entrar a
formar parte de hecho de los llamados «aliados» y firmar
acuerdos de colaboración que sirvieron para superar el
aislamiento internacional. Stalin acabó con la III Internacional en 1943 para inspirar confianza entre los aliados, proclamando que el principal objetivo era derrotar
a los nazis. Consiguió un gran predominio en la Conferencia de Potsdam entre el 17 de julio y el 2 de agosto
de 1945, que era la continuación de las realizadas en Teherán en 1943 y en Yalta en 1945 con los entonces má-
ximos dirigentes estadounidense (Franklin D. Roosevelt)
y británico (Winston Churchill). En Potsdam intervinieron dos personajes nuevos: el laborista Clement Atllee,
que sustituiría a Churchill (en medio de las reuniones)
en tanto que nuevo primer ministro británico, y Harry
S. Truman, que había ocupado la presidencia al morir
Roosevelt. Entre los tres acordaron cómo debían quedar
las fronteras del mundo.

Cuando terminó la guerra Stalin tenía sesenta y
cinco años y para sus seguidores y buena parte de los comunistas, e incluso para muchos socialistas de todo el
mundo, se había convertido en un mito, al que sus pai-
sanos acólitos llamaban «el Padrecito». Su dominio
sobre los partidos comunistas de todo el mundo fue total
hasta su muerte, el 6 de marzo de 1953, aunque nunca

dejó de temer a las conspiraciones que podían surgir contra su poder, lo que le llevó a un comportamiento despiadado. Vivía solo desde el suicidio de su mujer porque su hija Svetlana se rebeló contra su autoridad, se casó con un judío mucho mayor que ella y se alejó de su padre. Sin embargo, la Unión Soviética amplió su territorio a 440 000 km^2, con el control incluido de los países bálticos, y acordó con Polonia las fronteras definitivas. El objetivo de Stalin fue aumentar el poder de la URSS en el mundo, con el propósito de extender el comunismo, porque creía que los países capitalistas no llegarían a cooperar entre sí y se enzarzarían en otra guerra imperialista.

En lo que respecta a la realidad del comunismo español, los comunistas españoles fueron, hasta la Guerra Civil, un partido débil y dividido, sin gran soporte entre los trabajadores. Unos pocos procedían del PSOE y otros del anarcosindicalismo, pero además existió un comunismo antisoviético, más inclinado a las tesis de Trotsky, como el del Partido Obrero de Unificación Marxista (POUM). En Moscú y otras ciudades soviéticas se refugiaron los principales dirigentes comunistas españoles, que habían adquirido notoriedad durante la Guerra Civil española gracias, precisamente, en parte, a la ayuda prestada por los soviéticos al Gobierno de la II República; si bien fue finalmente el general Franco, jefe de los sublevados, quien en 1939 ganó el conflicto, con el apoyo de las fuerzas conservadoras españolas y, como ya vimos, la ayuda militar de los regímenes fascistas de Alemania y de Italia, mientras que los países liberales democráticos, Gran Bretaña y Francia principalmente, se desentendieron por miedo al triunfo de otra revolución. Pero a pesar de ello, se produjo una gran solidaridad con la República española en muchos países que se tradujo en el reclutamiento de voluntarios antifascistas de todo el mundo con la consiguiente formación de las Brigadas Internacionales. Tal vez fue la última guerra motivada por valores ideológicos: fascismo contra socialismo o democracia liberal.

Entre los miembros del PCE que se refugiaron en la URSS destacaba Dolores Ibárruri, conocida como «la Pasionaria» por el ardor de su oratoria, elegida presidenta del partido y a quien el escritor español Jorge Semprún, en aquellos tiempos militante comunista, responsable de la política cultural del PCE, dedicó un poema en el que afirmaba que: «Su clandestina voz multiplica y orienta las acciones por pequeñas que sean». Posteriormente, Jorge Semprún (muchos años después ministro en un Gobierno socialista presidido por Felipe González) y Fernando Claudín, militante y escritor al servicio del comunismo español, serían expulsados del PCE, en 1962, acusados de revisionistas por poner en cuestión las tesis de un antiguo militante socialista, Santiago Carrillo, que era el secretario general del partido —hijo de un reconocido dirigente del PSOE de la II República, Wenceslao Carrillo—, y que, a su vez, posteriormente aceptaría muchas de las tesis de ambos militantes.

Europa: socialdemocracia y estado de bienestar

Europa quedó dividida tras el final de la II Guerra Mundial en 1945 en dos zonas bajo la influencia y el control de dos grandes potencias: Estados Unidos y la URSS. Se produjeron masivos desplazamientos, de millones de personas, luego del acuerdo de los países triunfadores respecto de las nuevas fronteras. Varios territorios quedaron en ruinas y se vieron necesitados de

Cuando terminó la II Guerra Mundial, Stalin tenía sesenta
y cinco años y se había convertido en un mito para sus
seguidores y buena parte de los comunistas; incluso para
muchos socialistas de todo el mundo. Su dominio sobre los
partidos comunistas de todo el mundo fue total hasta
su muerte, el 6 de marzo de 1953.

ayudas que supusieron acarrear muchos recursos para su reconstrucción. En Gran Bretaña, los laboristas, que le ganaron las elecciones a Churchill en 1945, decretaron estrictas medidas de austeridad practicando una política de nacionalizaciones y concertando los salarios con los sindicatos que tenían un protagonismo fundamental en la estructura del laborismo británico.

Otra de las consecuencias de la II Guerra Mundial fue la pérdida de la hegemonía europea en el mundo, en una guerra que fue principalmente civil entre los propios europeos: Francia quedó desmoralizada, con una inestabilidad política similar a la de Italia; Gran Bretaña tenía una inflación muy alta y problemas presupuestarios; Alemania había quedado destruida, desarmada, desmilitarizada y dividida. Los aliados habían tratado ya sobre el futuro de Alemania proponiendo en la Conferencia de Teherán, en septiembre de 1944, la destrucción y el desmantelamiento de su tejido industrial para convertirla en un pueblo de agricultores y ganaderos, pero Churchill y Roosevelt no llegaron a un acuerdo con Stalin y abandonaron el plan. Seis millones de alemanes se vieron enjuiciados por su colaboración con los nazis y en Nuremberg fueron juzgados, a lo largo de 218 días, los principales dirigentes nazis que no murieron o no pudieron huir. Hubo once condenas de muerte y otras que comportaban largos periodos de cárcel.

Las colonias, por su parte, empezaron a demandar su independencia con ritmos y trayectorias diferentes. La denominación «Tercer Mundo» comenzó a usarse a partir de los años 50 del siglo XX para englobar a una serie de países que estaban colonizados y eran económicamente dependientes.

En Francia, los comunistas adquirieron gran protagonismo en la IV República, formada después de la II
Guerra Mundial, mitificando su intervención en la resistencia contra la dominación nazi. Ocuparon carteras ministeriales hasta 1947 y, en colaboración con los
socialistas, nacionalizaron el Banco de Francia, los se-
guros, la electricidad y la minería de carbón.

En Italia, el rey Víctor Manuel III abdicó el 9 de
mayo de 1946 y le sucedió su hijo Humberto, que solo
reinó un mes después de que la República ganara el referéndum el 2 de junio por unos doce millones frente a diez.
El democristiano Alcide de Gasperi, primer presidente
provisional del Gobierno establecido después de la II
Guerra Mundial, favoreció la gobernabilidad de su partido, la Democracia Cristiana. La Constitución de la
nueva República italiana fue aprobada el 22 de septiembre de 1946. El Gobierno de concentración estuvo compuesto por socialistas, comunistas y democristianos.
Palmiro Togliatti, el sucesor de Gramsci, organizó, a partir de 1945, un Partido Comunista Italiano (PCI) que supo
superar electoralmente a los socialistas y rescató la obra
de aquel teórico y dirigente comunista. Gramsci, que
murió en la cárcel durante la etapa del fascismo, había
dejado clara la necesidad de conseguir que el socialismo
se convirtiera en una fuerza hegemónica en todos los
frentes, administrativos e intelectuales. Gramsci pretendía superar el dilema entre revolución y reformismo porque creía que el proceso hacia el socialismo debía
arraigar en las mentes de la mayor parte de la población
y el partido era el cauce para conseguirlo. Los socialistas,
aunque divididos en diversas corrientes, practicaron una
política de concertación con los democristianos, impidiendo que los comunistas ascendieran al Gobierno.

En Grecia estalló una guerra civil cuando el Gobierno del liberal Georgios Papandreu —padre del que décadas más tarde sería dirigente socialista, Andreas Papandreu— ordenó que las milicias que habían luchado contra los nazis, controladas por los comunistas, se disolvieran, pero continuaron la guerra con el apoyo soviético, a pesar de que Stalin había convenido con Churchill que Grecia quedaba bajo la influencia británica, pero sus condiciones económicas no le permitían desplazar tropas. La intervención de Estados Unidos, con 230 millones de dólares, mantuvo el régimen monárquico-parlamentario y los comunistas fueron ilegalizados al perder la guerra.

El 5 de junio de 1947 el secretario de Estado del presidente Truman, el general George C. Marshall, expuso en una conferencia en la Universidad de Harvard un plan para apoyar con millones de dólares la reconstrucción europea. Entre 1948 y 1952 los estadounidenses aportaron 13.182 millones de dólares (2.421 para Gran Bretaña, 2.753 para Francia, 1.511 para Italia, 1.389 para Alemania y el resto para otros países como Yugoslavia, que, gobernada por el croata Josip Broz Tito, estaba enfrentada a la URSS, aunque había proclamado una república socialista y federal, en apariencia similar a la de los otros países del este europeo que habían quedado bajo la influencia y dominio soviético). La URSS renunció a sus beneficios e impuso que Checoslovaquia se retirara del plan, cuando ya lo había aceptado.

Stalin manifestó su protesta porque los aliados habían incluido en el proyecto a Alemania sin consultarle, lo que provocó que no se llegara a un acuerdo sobre las ayudas del Plan Marshall a los países empobrecidos tras la guerra. Decidió establecer una República en la parte oriental de Alemania bajo el dominio de un partido único: el Partido de Unidad Socialista, que se proclamó comunista. Solo quedó como un enclave independiente la ciudad de Berlín. Los aliados, por su parte, unificaron sus territorios controlados por británicos, estadounidenses y franceses y establecieron una república parlamentaria con capital en Bonn, la República Federal de Alemania (en plena Guerra Fría conocida más habitualmente como «Alemania Occidental»). Se redactó la Constitución de 1949 y se reorganizaron dos grandes partidos, los socialdemócratas del SPD y los democristianos de la Unión Demócrata Cristiana (CDU, en sus siglas en alemán).

Se excluyó del Plan Marshall a España, ya bajo el régimen dictatorial de Franco. Pero la política aislacionista internacional ante el peculiar caso español se fue suavizando a medida que las diferencias entre Estados Unidos y la URSS se acentuaron y los dos Estados de la península ibérica, Portugal y España, se convirtieron en un punto estratégico militar con la instalación de bases militares que ayudaron a mantener el régimen de Franco en el poder hasta su muerte en 1975. Además, los aliados recelaban de unos exiliados españoles que no conseguían ponerse de acuerdo en un régimen común y además aquellos pensaban que los comunistas españoles podían tener opciones de controlar el poder, lo que significaba en el comienzo de la Guerra Fría la posibilidad nada remota de tener un territorio enemigo en medio de su área de influencia, la no soviética. Sobre las expectativas españolas de que la ayuda americana llegara se realizó una magnífica película dirigida en 1952 por el cineasta Luis García Berlanga, *Bienvenido, Mr. Marshall,* que exponía con ironía la situación española.

Un caso especial fue el de Austria que, por el Tratado de Viena de 1955, recuperó su soberanía. Las tropas soviéticas salieron del país con la condición de que el país se mantuviera neutral en la pugna entre los aliados y la URSS. En tiempos del Imperio Austro-Húngaro habían surgido en Viena una cantidad importante de escritores, ensayistas y científicos, la llamada «Viena de Wittgenstein», en reconocimiento del gran filósofo del siglo xx, que se trasladó a Oxford y revolucionó la filosofía. También existió y se difundió una corriente marxista, el austromarxismo, que pretendía abordar, a partir de las teorías marxistas, el problema de las nacionalidades. El término engloba a una serie de pensadores marxistas que no elaboraron una teoría similar al leninismo. Sus mayores representantes fueron Otto Bauer, Max Adler y Karl Renner, que fue presidente de la República. Intentaron crear una tercera vía entre el leninismo y el reformismo de la II Internacional. La revolución debía ser gradual, construida desde dentro del capitalismo y para ello era necesario que los socialistas ocuparan el Gobierno y se implicaran en una política de alianzas. Habían sufrido la experiencia de su derrota, en 1933-1934, por Engelbert Dollfuss, quien construyó un régimen autoritario y permitió la difusión del nazismo. Según Bauer, era necesario que el socialismo no se recluyera solo en los obreros industriales, tenía que atraer a los campesinos y a las clases medias a las que había de incorporar a los beneficios sociales. Precisamente los Gobiernos socialistas de entreguerras habían empezado a poner en marcha lo que después fue denominado «estado de bienestar», estableciendo redes de protección que permitieran, durante un tiempo, coexistir con el capitalismo. En su un libro, *El socialismo y los intelectuales,* Bauer reconocía la importancia de la aportación cultural burguesa y la necesidad de conectar con los intelectuales. Influido por el filósofo alemán Johann Gottlieb Fichte (1762-1814), continuador de la obra de Emmanuel Kant, afirmó que era preciso establecer una educación basada en la cultura de los pueblos, acumulada a lo largo de la historia, y que la obligación de los socialistas era mantenerla y fomentarla, creando una verdadera educación nacional que abarcara a todas las clases sociales y en la que el socialismo aportara las ideas de igualdad y fraternidad, pero intentó dotar al marxismo de una lectura distinta del nacionalismo, algo que para él no estaba en contradicción con el internacionalismo proletario.

Los socialistas o socialdemócratas de la Europa occidental transformaron su discurso de socialización de los medios de producción y abolición de la propiedad privada y aceptaron la economía de libre mercado, separándose de las tesis económicas marxistas. Los sindicatos, junto a los partidos socialistas, acordaran a partir de mediados de los años 50 del siglo XX prestaciones económicas y sociales desde el Estado, antes desconocidas, como los subsidios por desempleo, la jornada de ocho horas, una sanidad y una educación gratuitas, así como pensiones obligatorias de jubilación, vacaciones pagadas y revisiones periódicas salariales que favorecieron las condiciones de trabajo y la vida de los obreros industriales y campesinos. Los comunistas pasaron, por su parte, a la oposición y se convirtieron, hasta bien avanzada esa misma década de los 50, en satélites del PCUS, con diversas escisiones en su seno, según las circunstancias políticas internacionales.

Los derechos democráticos se extendieron por la mayoría de los países occidentales, con la excepción de

Durante sus 10 años en el Senado, Joseph Raymond McCarthy se hizo famoso por sus investigaciones entre los círculos intelectuales, periodísticos y cinematográficos a personas que él consideraba sospechosas de ser agentes soviéticos o simpatizantes del comunismo.

España y Portugal. Los socialdemócratas se acomodaron a la sociedad del libre mercado a cambio de recibir las prestaciones sociales que los partidos socialistas contribuyeron a implantar porque formaron parte de casi todos los Gobiernos de Europa.

EL DESARROLLO DE LA PROPAGANDA POLÍTICA EN LA GUERRA FRÍA: LA SOCIALDEMOCRACIA APUESTA POR LA SOCIEDAD DE MERCADO

Una vez establecidas las fronteras al finalizar la II Guerra Mundial, se intensificaron las divergencias entre los dos modelos de sociedad, la comunista de planificación centralizada y la de libre mercado con nacionalizaciones puntuales en determinadas industrias consideradas básicas. La pugna duró varios lustros y pasó por momentos de tensión y distensión. En los años 50 del siglo XX el comunismo adquirió un carácter de rechazo por los Gobiernos occidentales, y más directamente en Estados Unidos, donde el senador Joseph McCarthy se convirtió en el principal perseguidor de aquellos que él creía que fomentaban las ideas comunistas y favorecían los intereses del Bloque soviético, especialmente entre los círculos intelectuales, periodísticos y cinematográficos. Así, el término «macartismo» se ha convertido en sinónimo de «caza de brujas», es decir, sinónimo del hecho de poner la seguridad del Estado por encima de los derechos civiles.

El 17 de marzo de 1948, en Bruselas, los países del Benelux, Gran Bretaña, Italia y Francia constituyeron, con objetivos defensivos, la Unión Europea Occidental. En Washington se firmó el Tratado del Atlántico Norte (que creaba la OTAN) el 4 de abril de 1949 entre los países que se habían reunido en Bruselas, más Portugal, Canadá y Estados Unidos. En 1952 se incorporarían Turquía y Grecia y en 1955 lo hizo la Alemania Occidental. En el artículo 5 se decía que «el ataque contra uno o varios países se consideraría contra todos ellos». La firma de ese Tratado establecía de alguna manera el arranque de lo que se dio en llamar la «Guerra Fría», también denominada la era del «equilibrio del Terror», algo ya ineludible cuando la URSS consiguió fabricar la bomba atómica en 1949 y en contrapartida a la OTAN creó su propia organización defensiva, el Pacto de Varsovia, junto a las autodenominadas «repúblicas democráticas del este de Europa» controladas por los partidos comunistas. Fue la Guerra Fría una tensión entre bloques capaz de provocar, además, toda una literatura de espionajes y conspiraciones, que se reflejó en espléndidas obras como las de los escritores británicos John Le Carré o Graham Greene.

La URSS se lanzó a una campaña de propaganda de los beneficios del régimen comunista y trató de extender su influencia por los nuevos países emergentes de Asia y África e influir en los movimientos revolucionarios de Latinoamérica, desprestigiando a los países capitalistas a los que se acusaba de que solo buscaban su propio interés. El mundo occidental contrarrestaba esa visión afirmando que los trabajadores de sus países vivían mejor y tenían más posibilidades de progresar que los que vivían en Estados comunistas, donde la planificación económica impedía un consumo libre y no existía libertad de prensa ni de expresión. Los partidos socialistas mantuvieron durante bastante tiempo un discurso marxista basado en la lucha de clases para interpretar el mundo y una práctica política colaboracionista con la sociedad de libre mercado, al tiempo que cada vez más se alienaban con los Gobiernos occidentales frente a la URSS.

5

Comunismo, liberalismo y socialdemocracia (1946-1973)

EL TRIUNFO DE LA REVOLUCIÓN CHINA: EL MARXISMO-MAOÍSMO

La china fue la tercera revolución del siglo XX y en ella el campesinado tuvo un papel clave. La primera habría sido la de México, en 1910, la de Emiliano Zapata y Pancho Villa, entre otros; la segunda, la bolchevique de 1917. Esa tercera revolución, la china, triunfó en 1949, liderada por Mao Tsé-tung, el dirigente comunista que en Occidente acabaremos conociendo mejor como «Mao Zedong» para adaptar la grafía al chino estándar.

China, como gran parte de Asia, había experimentado el colonialismo de los países desarrollados occidentales, pero era depositaria de una milenaria civilización con raíces en el confucionismo, el taoísmo y el budismo, y con una estructura social que permanece inalterable hasta el siglo XIX, en que entra en contacto con las potencias coloniales provocando una conmoción en la sociedad, especialmente en las clases dirigentes. Los emperadores de la dinastía Ching (o Qing), que reinaba desde 1644, gobernaban un inmenso territorio e intentaban cerrar el país a las influencias extranjeras. Pero a partir de 1885 perderán su capacidad para contenerlas y los distintos países coloniales se repartirán diferentes zonas de influencia, compartiéndolas también con Japón. Surge, a mediados del siglo XIX, un creciente movimiento nacionalista en China contrario a la monarquía, que se verá cada vez más asediada por los sectores republicanos cuyo principal líder será Sun Yat-sen, considerado el creador de la China moderna.

El 10 de octubre de 1911 se produce una gran rebelión contra la monarquía autocrática. Tropas imperiales se amotinan contra sus jefes y los rebeldes toman Nankín, y Sun Yat-sen es proclamado presidente provisional de la República, pero renuncia a la presidencia ante el enfrentamiento con uno de los jefes militares, Yuan Shikai. Este no cumple el programa previsto, suspende la Constitución y pretende, con la ayuda japonesa, fundar una nueva dinastía. Una etapa de desconcierto le permite mantenerse precariamente como presidente en todas las regiones. Los gobernadores de las provincias se convierten en señores de la guerra y crean poderes autónomos sin reconocer el Gobierno central, agravándose la situación con la muerte de Yuan Shikai. En esta coyuntura, cuatro grupos políticos fundan un nuevo partido, el Kuomintang (también Guomindang, Partido Nacional Popular), dirigido por Sun Yat-sen. Entre 1917 y 1926 la situación es de permanente caos. Sun Yat-sen busca el apoyo de los triunfantes bolcheviques rusos y se distancia de los países occidentales. Consigue ayuda militar de los soviéticos pero muere en 1925, sucediéndole Jiang Jieshi (también conocido como «Chiang Kai-shek»), que asume el liderazgo del Kuomintang y derrotará a los señores de la guerra estableciendo la unidad del país. Si Sun Yat-sen llegó a pactos con los comunistas formando un frente unido, las cosas cambiaron partir de 1927. La ruptura entre los nacionalistas y los comunistas chinos se hace irreversible y estos tienen que refugiarse en las zonas montañosas y pasar a la clandestinidad. Jiang Jieshi consigue derrotar a las milicias comunistas en una primera fase, rompe la relación con la Unión Soviética y obtiene la ayuda de Estados Unidos.

El Kuomintang no afronta la reforma agraria que reclamaban los campesinos mientras los comunistas insistían de manera frecuente en el reparto de la tierra. La labor del Kuomintang se centró principalmente en establecer acuerdos con las potencias europeas y acabar con los privilegios comerciales que estas tenían en China, que se convierte en una potencia asiática con representación en la Sociedad de Naciones, surgida después de la I Guerra Mundial.

Los japoneses consideraban el territorio de Manchuria como propio e invadieron la zona para evitar que China adquiriera un poder territorial grande. Jiang Jieshi, el líder del Partido Nacionalista, que se ha convertido en un dictador militar, les declara la guerra. De esta manera el Kuomintang tiene que luchar en dos frentes: contra los comunistas y los japoneses.

Para entonces, los comunistas crean un ejército propio y Mao Zedong se convierte en su líder indiscutible. Para él la revolución socialista debía ser protagonizada por el campesinado, alterando los principios del marxismo que hacía del proletariado industrial el principal elemento de la revolución. Entre 1927 y 1934, los comunistas, que están esparcidos en distintos núcleos de China, tienen su base principal en la zona de Jiangxi (también transcrita como Kiangsi), donde se mantuvieron hasta que sus tropas emprendieron la llamada «Larga Marcha» el 16 de octubre de 1934, cuando más de cien mil afiliados y simpatizantes comunistas iniciaron un largo camino desde la base de Jiangxi, sorteando por las montañas y ríos las tierras controladas por los nacionalistas del Kuomintang. Recorrieron más de 12 500 km para llegar al norte, escapar del cerco del ejército de Jiang Jieshi y contactar con otros focos guerrilleros comunistas aislados. Sobrevivieron unos treinta mil después de un año de marcha. Era el inicio del triunfo del comunismo chino y la figura de Mao se convirtió en un icono nacional, comparable a Lenin o Stalin.

Mao había nacido en Hunan en 1893, en una familia de pequeños propietarios. Obtiene el grado de maestro y estuvo empleado en la biblioteca universitaria de Pekín. En contacto con grupos marxistas, en 1921 asiste en Shanghai a la fundación del Partido Comunista de China (PCCh) y escribe sobre cómo adaptar el marxismo a las condiciones de un país con miles de kilómetros y cuya principal actividad productiva era la agrícola. En 1925 entra en el Kuomintang y publica trabajos sobre la situación de los campesinos. Cuando en 1927 Jiang Jieshi persigue a los comunistas, Mao se separa del Kuomintang, reclama la expropiación de las tierras a favor de los campesinos y se enfrenta con la facción del PCCh que piensa que la revolución debe surgir de los centros urbanos. Organiza las milicias armadas del partido y pro-

El nuevo gobierno de la República Popular China asumió la difícil y costosa reconstrucción nacional después de la Larga Marcha. Mao se erigió en líder de la nueva República comunista.

clama la República Soviética de Jiangxi, a la que Jiang Jieshi trataría de aplastar.

Stalin tendrá una posición ambigua respecto de la revolución comunista china. Por una parte, se alegraba de que el comunismo progresara en el mundo, pero desde su defensa de los intereses de la URSS no le motivaba que un país potente como China se convirtiera, como así ocurrió, en otro país comunista que pudiera hacerle la competencia, y por eso su ayuda no fue sustanciosa. En cambio, el Kuomintang si recibiría armas y dinero de Estados Unidos para hacer frente al avance comunista. Mao Zedong intenta llegar a un acuerdo con el Kuomintang, proponiendo un Gobierno de coalición que negocie la rendición del Japón cuando termina la II Guerra Mundial. Pero el pacto no fue posible y se desencadena la guerra civil, en 1946, entre el Ejército Rojo comunista y las tropas comandadas por Jiang Jieshi. Después de la ofensiva de Manchuria y la toma de Yenan por los comunistas, Mao saldrá como triunfador y proclamará la República Popular China el 1 de octubre 1949, mientras Jiang Jieshi se exilia en la isla de Formosa. Comienza, a raíz del triunfo maoísta, una corriente propia del marxismo que tendrá amplia repercusión en Asia, África y también en Europa. El marxismo-maoísmo generará su peculiar interpretación de la revolución socialista y se irá alejando del modelo soviético, compitiendo en todo el mundo por la hegemonía comunista.

LA EVOLUCIÓN DE LAS DEMOCRACIAS POPULARES EN EL ESTE DE EUROPA

Como ya de alguna manera anticipamos en el capítulo anterior, al final de la II Guerra Mundial, el Ejército Rojo soviético ocupó siete Estados de la Europa oriental: Polonia, Checoslovaquia, Hungría, Rumania, Bulgaria, Yugoslavia, Albania, y el este de Alemania. Eran países que, en su mayoría, habían formado parte del Imperio Austro-Húngaro y que se habían constituido en Estados después de la I Guerra Mundial, pero, salvo Alemania y Checoslovaquia, no tenían tradición democrática. Rumanos, húngaros y búlgaros se habían alineado con la Alemania de Hitler, y los soldados soviéticos ocuparon estos territorios como vencedores y establecieron sus propias condiciones políticas. En el caso de Polonia, Checoslovaquia y Yugoslavia que estaban ocupados por las tropas alemanas, existía una resistencia de guerrillas y Gobiernos en el exilio. La URSS aprovechó, en cualquier caso, ambas circunstancias para implantar democracias populares con Gobiernos controlados por los partidos comunistas que fueron aplicando, de manera gradual pero sin pausa, modelos de dominación política, de corte parecido al régimen soviético, al tiempo que se establecía la nacionalización de todas las empresas que habían colaborado con los alemanes, aunque se permitió en los primeros años de posguerra una cierta economía de propiedad privada. Las grandes propiedades agrarias fueron expropiadas y aunque se admitió la legalidad de los partidos que se habían opuesto a los nazis, como liberales, conservadores y socialistas, se potenciaron los partidos comunistas, que en muchos casos contaban con escasos militantes, muchos de los cuales habían sido perseguidos o vivían exiliados en la URSS.

El control de los mecanismos de información, del Ejército o de la Policía fue encargado a comunistas de confianza del PCUS y, de hecho, los partidos comunistas de estos países detentaron totalmente el poder entre 1947-1948 con instituciones políticas similares. Fueron las de la Europa oriental o del este, por tanto, «revoluciones» realizadas desde arriba y con el firme y decisivo apoyo soviético. En principio, se vio al Ejército Rojo como un liberador de la opresión fascista y como el defensor de las diferentes nacionalidades que exaltaron sus sentimientos patrióticos. En general, las medidas políticas y económicas se establecieron con el consenso de todas las fuerzas políticas democráticas entre 1945 y 1947 (reformas agrarias, construcción de nuevas infraestructuras, nacionalización de empresas, etcétera), pero los problemas comenzarían cuando los comunistas absorbieron todo el poder aun a costa de eliminar a aquellos que siendo antifascistas no comulgaban con la dirección que imponía Moscú. Ello se evidenció en los ajustes territoriales que Stalin impulsó arrebatando tierras de Polonia y de otros países centrales, al tiempo que establecía el criterio sobre los litigios territoriales que estos países tenían. Así, casi medio millón de húngaros que habitaban en Eslovaquia fueron obligados a trasladarse a Hungría, al tiempo que los eslovacos residentes allí tuvieron que trasladarse a su país de origen entre 1946 y 1948. En última instancia, la pretensión de la política soviética era asegurarse un control político-militar de sus fronteras a la vez que ampliaba su mercado económico. Solo la Yugoslavia de Josip Broz «Tito» rechazó las condiciones de este control, por lo que fue «excomulgada». Stalin había conseguido entre 1945 y 1948 construir un cordón sanitario político, o un «glacis», como señalan otros utilizando un símil geológico, para proteger sus fronteras entre Centroeuropa y la URSS. Las llamadas «democracias populares socialistas», en contraposición a las democracias burguesas occidentales, ocupaban en 1948, 1 275 000 km², con una población de más de cien millones de habitantes.

El mundo occidental, con la hegemonía estadounidense, aplicó una política de contención que tendía a evitar al máximo la extensión de las fórmulas soviéticas revolucionarias. Bajo el Gobierno del presidente estadounidense Harry S. Truman, dominaron los partidarios de enfrentarse abiertamente al expansionismo revolucionario, especialmente cuando triunfaba la Revolución China y muchos países todavía colonizados confiaban en contar con el respaldo de la URSS para sus pretensiones de independencia. La creación de la OTAN y el Plan Marshall se encuadran en esta estrategia, aunque algunos políticos de la época consideraban que era una política equivocada puesto que la Unión Soviética no tenía la potencia suficiente para expandir el comunismo y que lo mejor era flexibilizar las posiciones y practicar una cierta convivencia que permitiera la no radicalización de las tesis marxistas-comunistas. En los primeros tiempos después de acabada la II Guerra Mundial, se habló entre los políticos comunistas, principalmente yugoslavos, y ciertos intelectuales occidentales, de un modelo revolucionario distinto al soviético, en el que se producía la colaboración de campesinos, obreros y cierta burguesía industrial y comercial. Ello sería posible si los dirigentes de la URSS entendían tanto que las condiciones históricas habían cambiado después de la II Guerra Mundial como que no era estrictamente necesaria la dictadura del proletariado sino una coalición de distintas fuerzas sociales en repúblicas democráticas, lo que permitiría un entendimiento con Estados Unidos. La lucha de clases todavía existiría pero se iría diluyendo pacíficamente. Pero esta tesis no prosperó y fue la del secretario de Estado del presidente Truman, Foster Dulles, la que se impuso, con una línea dura que fluctuó con los años pero que no desapareció del todo hasta la caída del muro de Berlín en noviembre de 1989, cuando las estructuras políticas de los llamados «países comunistas» comenzaron a desaparecer, sin que ningún analista del mundo lo hubiera previsto.

En septiembre de 1947, se reunieron en Polonia todas las democracias populares en una Conferencia presidida por un hombre de confianza de Stalin, Andrey Alexandrovich Zhdanov, miembro del PCUS pero de origen polaco. En su discurso, Zhdanov afirmó que la guerra había alterado la relación de fuerzas entre socialistas y capitalistas consiguiendo, por un lado, que el socialismo progresara mientras que las potencias imperialistas se ha-

El Plan Marshall financió parte de la reconstrucción de la
Alemania Occidental.

bían debilitado, con la única excepción de Estados Unidos, dirigente del mundo capitalista, y, por otro, que
pronto se produjera una crisis económica que haría aflo-
rar las contradicciones sociales y políticas. No había vías
intermedias, solo dos bandos, uno que representaba la
conquista del socialismo frente al que encarnaba el imperialismo decadente que contaba con la colaboración de
los partidos socialdemócratas, los socialistas de derechas,
a los que había de denunciar ante la clase obrera de sus
países. Era necesario, por tanto, protegerse ante la ofensiva que pudieran poner en funcionamiento los países capitalistas para derrotar a la URSS. En este sentido, se
constituyó ese mismo año una alianza de los Estados controlados por los comunistas —exceptuando a Albania y
la Alemania del Este ocupada por el Ejército Rojo— y
de los partidos comunistas francés e italiano, que después

de terminada la II Guerra Mundial formaban parte de los Gobiernos de sus países. Este frente anticapitalista se tradujo en la configuración del Kominform, que fundó un órgano de comunicación denominado «Para una Paz Permanente», dando a entender que las potencias capitalistas pretendían una tercera guerra mundial que tendría como objetivo destruir a los países socialistas.

Dos hechos contribuirán a la irremisible consolidación de los dos bloques: por una parte, la presión estadounidense para que los comunistas salieran de los Gobiernos de Francia e Italia en 1947, en contra de la mayoría de los socialistas, porque consideraban a los partidos comunistas de la Europa occidental una quinta columna que defendía principalmente los intereses de la URSS; y, por otra parte, las directrices del Kremlin obligando a las democracias populares a rechazar el Plan Marshall para reconstruir Europa.

La crisis yugoslava en un sistema estalinista

La dinámica de las repúblicas populares de la Europa oriental ocasionará una serie de conflictos que irán minando los regímenes comunistas y desembocará en el fracaso de un sistema que se reclamaba heredero del marxismo-leninismo. El primero de ellos se produce viviendo todavía Stalin y está protagonizado por el líder yugoslavo Josip Broz, conocido por «Tito», que había participado en la Guerra Civil española y había dirigido en su país las acciones guerrilleras más relevantes contra los alemanes. Vayamos unos años atrás: Hitler no reconoció el Estado yugoslavo y lo había desmembrado: Italia y Alemania se repartieron Eslovenia, en Croacia se estableció un Estado controlado por los nazis, Montenegro pasó a Italia, y Bulgaria y Hungría se apropiaron de zonas serbias. Los serbios, judíos y gitanos fueron perseguidos y exterminados en un gran número. Tito, de origen croata, consiguió articular un ejército guerrillero capaz de enfrentarse a las tropas alemanas con más de trescientos mil hombres y mujeres a principios de 1941, que llegarán a ser más de setecientos mil a finales de 1944, encuadrados en veinticuatro brigadas. Se constituyó un Gobierno provisional reconocido por Pedro I, el rey exiliado de Yugoslavia. Las tropas rusas solo intervinieron al final de la guerra para liberar Belgrado, pero se retiraron en 1945 después de una gran pérdida de vidas humanas, que se calcula en torno a 1 700 000. Un Frente Popular, con el Partido Comunista como partido más importante, ganó las elecciones y abolió la monarquía.

Churchill y Stalin habían decidido repartirse al 50% el territorio de Yugoslavia, pero Tito, que se adelantó proclamando la República Federal, mantendría una política exterior independiente, en convivencia con los que se denominarían «Países No Alineados». Y ello a pesar de que se declaraba seguidor del marxismo-leninismo y reconocía la trayectoria de la URSS y su papel en la revolución mundial. De hecho, Tito no siguió las consignas económicas soviéticas y aceleró la industrialización del país en contra de las directrices de Stalin, que pretendía que entre las repúblicas socialistas del este europeo se estableciera una división del trabajo y, en el caso de Yugoslavia, su papel sería la producción agrícola. Tito, con el asesoramiento de economistas yugoslavos, no se plegó a las normas económicas del Kremlin, propuso la autogestión en las empresas industriales y agrícolas, y desplazó del poder a los prosoviéticos, recibiendo ayuda occidental dentro de la estrategia de la Guerra Fría para debilitar a la URSS.

Stalin le acusará de traidor a los principios comunistas y de colaboracionista con el imperialismo, e impondrá una disciplina rígida, sin contemplaciones, sobre los dirigentes de las demás repúblicas, que debían aceptar sin ninguna crítica la estrategia que marcara el PCUS en un tiempo en que la economía estaba en bancarrota y las poblaciones sufrían grandes privaciones. Situación que provocó malestar en una gran mayoría de la población y se tradujo en algunas críticas por diversos líderes comunistas que, automáticamente, serían acusados de traidores al comunismo y agentes del imperialismo, lo que comportaba largas condenas de cárcel o fusilamientos después de juicios sin las suficientes garantías procesales. Ser comunista era, fundamentalmente, seguir ciegamente las directrices emanadas de los dirigentes del Kremlin, que imponía de esa manera una soberanía limitada a los países satélites donde el Estado era el principal referente de la sociedad, absorbiendo la economía, la educación y la cultura. Según algunos cálculos, entre 1947 y 1952, fueron depurados un 25% de dirigentes comunistas de las autoproclamadas repúblicas democráticas populares y se declaraba, sin ningún pudor, que estas eran una manera de instalar la dictadura del proletariado.

Y se llega al momento en que, el 28 de junio de 1948, el Comité Ejecutivo del Kominform publica una resolución por la que, a la manera de una condena herética, se expulsa de la organización al PC yugoslavo por considerarlo traidor a los principios comunistas. En 1979, en la VI Cumbre de Países No Alineados, a la que asistieron 138 representantes de distintos Estados, muchos de ellos recién descolonizados, Tito mantuvo su posición de permanecer equidistante de las dos grandes potencias.

Tito, que ocupaba desde 1953 la presidencia del Gobierno, pasó a ocupar de modo vitalicio la jefatura del Estado en 1974 y hasta su muerte. Pero Yugoslavia, en contra de sus planes, no llegará a perdurar como Estado a finales del siglo XX, resultando inútil el Consejo Federal que establecía la Constitución yugoslava. Con el estallido de una nueva guerra de los Balcanes, entre 1992 y 1996, Yugoslavia se dividió en varios países independientes.

En octubre de 1952 se celebró el XIX Congreso del PCUS, reunión del máximo órgano político soviético que no se celebraba desde 1936. Stalin está en su máximo apogeo, con un poder indiscutible y admitiendo toda clase de alabanzas hacia su persona, como la que en agosto de 1936 publicaba el diario oficial *Pravda:* «Oh gran Stalin, oh jefe de los pueblos/ Tú, por quien el hombre viene al mundo/ Tú, que haces fructificar la Tierra/ Tú, que restauras los siglos […]», o como el folleto firmado por él unos días antes de este Congreso, titulado *Los problemas económicos del socialismo en la URSS,* difundido por todos los partidos comunistas del mundo, y que fue calificado por los dirigentes de los partidos comunistas de todo el mundo vinculados a la estrategia del PCUS como una aportación genial de la ciencia marxista-leninista, cuando en realidad no decía nada nuevo e incluso contenía un implícito reconocimiento de las tensiones económicas que había provocado la resistencia ante las medidas de colectivización de la agricultura.

Stalin intervino solo en la clausura del Congreso para justificar su política y salvaguardar la seguridad de la URSS. Dio algunas señales de no querer entrar en conflicto y buscar la alianza con el otro gran país comunista, la China de Mao, e instó a los partidos comunistas para que lucharan por la independencia nacional contra las burguesías que habían capitulado ante el imperialismo. Los asistentes se deshicieron en elogios delirantes calificándole de «gran jefe genial», aunque la documentación consultada después de la caída del régimen soviético demuestra las desconfianzas de los dirigentes de la URSS y la actitud despótica y de suspicacia del propio Stalin hacia sus principales colaboradores. Veía conspiraciones por todas partes. Se cuenta la anécdota de un destacado militante de la época, Gregory Bulganin, quien le dijo a quien sería años después sucesor del dictador soviético, Nikita Kruschev, que cuando te invitaba Stalin no sabías si ibas a dormir en tu casa o en la cárcel. Mientras, en el mundo occidental, se agudizaba el anticomunismo que veía en el comunismo un peligro que pretendía eliminar las sociedades dotadas de libertades de mercado, asociación y opinión.

El 6 de marzo de 1953, el Comité Central del PCUS anunciaba que el camarada Stalin había muerto el día anterior, sin aclarar suficientemente las causas del fallecimiento, aunque todo indicaba un ataque cerebral, según testimonios posteriores de sus médicos, aunque desde Occidente se especuló con el envenenamiento. La conmoción nacional se extendió por toda la URSS, especialmente en Rusia, y la gente se amontonaba para ver el cadáver del «padrecito», produciéndose, incluso, atropellos que ocasionaron la muerte de algunas de las miles de personas que ocuparon los alrededores del Kremlin. Stalin había gobernado durante veintinueve años (desde 1922 hasta ese año de 1953), consiguiendo un poder absoluto como presidente del Gobierno, secretario del partido y ministro de Defensa. Comenzaba con su desaparición una nueva época.

Después de la muerte de Stalin hubo una crítica a su forma de gobernar y una condena de sus métodos, pero la relación de la URSS con las repúblicas populares no cambió sustancialmente hasta la llamada «perestroika», durante la penúltima década del siglo XX.

El intento de deshielo en la política internacional y el mantenimiento del control de las repúblicas populares

En un principio, con el fin de establecer la sucesión de Stalin, se constituyó en la URSS un modelo colegiado formado por el todopoderoso Laurent Beria, jefe de la Policía y ministro de Interior; Georgi Naxinmilianovich Malenkov, que fue nombrado jefe del Gobierno, Viachesla Mijailovich Scriabin, conocido como «Molotov»; y una nueva figura desconocida en el mundo occidental, Nikita Kruschev, nacido en 1894, y de origen ucraniano, que se había distinguido por su eficacia en la resistencia contra el Ejército nazi invasor y al que se le atribuyó la secretaría general del PCUS, al destacarse su carácter de persona discreta. Comenzó, entonces, la lucha entre los estalinistas y los reformistas, que proponían una amnistía, una suavización de las condiciones laborales. Disminuyó la política antisemita de los últimos años de Stalin y se produjo la supresión de distintos campos de trabajo en que estaban confinados los presos considerados políticos, los «Gulags» que describiera el escritor Alexander Soljenitsin en *Un día en la vida de Iván Denisovich,* que fue publicada en el mismo año de la denuncia del estalinismo en el XX Congreso del PCUS:

una obra muy criticada y repudiada por los dirigentes soviéticos, de tal modo que el autor no pudo publicar en su país su segunda novela, la cual acabaría siendo distribuida en Occidente: *El primer círculo.* Los límites a la libertad de creación siguieron vigentes y una censura estricta predominó sobre muchos escritores, como se puso de manifiesto con el escritor Boris Pasternak, autor de *Doctor Zhivago,* quien tuvo que renunciar al Premio Nobel de Literatura de 1958 por orden de las autoridades de la URSS y fue acusado por la prensa soviética de traidor a la patria, aunque no fue detenido ni se exilió, algo que no sucedió con otros escritores menos conocidos que sí fueron represaliados. En la época de Stalin hubieran sido ejecutados, pero después de su muerte padecieron algún tiempo de cárcel y no pudieron ejercer su oficio de narradores o ensayistas. Algo parecido les ocurrió a muchos pintores, escultores o directores de cine en los años sesenta del siglo XX. Sin embargo, algunos escritores fueron rehabilitados, como Isaac Babel, e incluso algunas obras de Kafka e Ionesco acabaron por ser traducidas al ruso. De una manera tímida, la literatura y las artes rusas, así como las de los países satélites, abandonaron el monolitismo y mantuvieron un equilibrio entre la censura y la tolerancia, si bien siempre vigiladas por el aparato del partido.

En el orden internacional, en 1953 se alcanzó un armisticio en Corea que dejó dividido el país en dos Estados, como Alemania, donde se produjeron manifestaciones contra la política comunista en la zona de Berlín y en otras ciudades del este que provocaron la intervención de los tanques rusos. Todo ello produjo la caída de Beria, acusado de establecer el control policial sobre las demás instituciones. Sería ejecutado, con otros colaboradores, el 25 de diciembre de 1953. En 1955 Malenkov dimitía de su cargo de ministro de Exteriores alegando que no tenía experiencia política, y entonces Molotov, uno de los más destacados estalinistas, con el apoyo del Ejército, se encargó de la política internacional, mientras Kruschev fortalecía su posición como secretario del PCUS.

En mayo de 1955 nacería el Pacto de Varsovia, como un tratado de amistad, cooperación y asistencia mutua. Fue más, como algunos autores han señalado, una comunidad militar ideológica que una cooperación de países con intereses comunes. Aun así, comenzó en 1956 una etapa de distensión con la Conferencia de Ginebra de los grandes líderes de las potencias que habían ganado la II Guerra Mundial. La URSS trató de entenderse con la Alemania Occidental dirigida por el democristiano Conrad Adenauer, devolviendo prisioneros alemanes todavía encarcelados en la URSS. Sin embargo, el deshielo tendrá un alcance limitado.

El duro control sobre las repúblicas populares y la represión ante movimientos de resistencia no cejaron. En Polonia, en 1948, viviendo aún Stalin, hubo diversos enfrentamientos entre obreros y la Policía, y el líder soviético había adoptado una política sin paliativos, haciendo dimitir al jefe de Gobierno polaco, Wladislaw Gomulka. En su lugar colocó provisionalmente al mariscal Konstantinovich Rokossovsky, polaco nacionalizado ruso, que estableció campos de trabajo para los disidentes y persiguió a la Iglesia católica, convirtiendo al cardenal Stefan Wyszynski en símbolo de la resistencia, y después ocupó el poder el nuevo jefe del Partido Comunista polaco, Boleslaw Bierut, quien moriría mientras asistía al XX Congreso del PCUS en febrero de

Nikita Kruschev, que se había distinguido por su eficacia
en la resistencia contra el Ejército nazi, fue el máximo
dirigente de la URSS entre 1953 y 1964.

1956. Ante las revueltas populares de Poznan en julio de
1956 Gomulka volvió a ser nombrado jefe de Gobierno.
Fueron igualmente reprimidos distintos intentos de articular una política nacional propia en Hungría en 1956,
donde se enfrentaron estalinistas y reformistas. El cardenal József Mindszenty tuvo que refugiarse en la em-
bajada estadounidense y más de un millón de húngaros
huyeron a través de la frontera de Austria hasta que las
tropas de la URSS restablecieron el control y se hizo
cargo del poder el ortodoxo Janos Kadar. Todo ello provocaría la desafectación de muchos intelectuales occidentales del régimen soviético. En Checoslovaquia el
proceso contra el secretario general del Partido Comunista Checoslovaco en 1952, todavía vivo Stalin, fue Ru-
dolf Slansky, veterano comunista y judío, acusado de
agente peligroso del imperialismo occidental y ejecutado

con la intervención de la KGB, y el terror alcanzó su máximo apogeo. Se interpretó su eliminación como un gesto antisionista, como ocurrió en otros procesos. De los judíos se desconfiaba en los partidos comunistas. Otros, como el escritor Arthur London, sufrieron torturas para conseguir su confesión y fueron condenados a cadena perpetua, aunque este fue rehabilitado en 1956, fallecido ya Stalin. El cineasta Costa Gravas se basó en los testimonios de London para realizar el film *La Confesión,* protagonizada por Ives Montand en 1970.

Años más tarde, en 1968, ocurrió otra disputa entre la URSS y Checoslovaquia, con el Gobierno del reformista Alexander Dubcek, que había desplazado a los ortodoxos comunistas del poder en el partido y en el Gobierno: las tropas del pacto de Varsovia, que eran principalmente rusas, acabaron con el experimento de liberalización invadiendo el país y reprimiendo las manifestaciones de estudiantes. Fue el fin de lo que se denominó «la primavera de Praga».

Pero volvamos a la URSS. En el XX Congreso del PCUS, celebrado en Moscú el 24 de febrero de 1956, Stalin pasó de ser «el genio más grande de la humanidad» a ser considerado responsable de muchas atrocidades. Kruschev, que ya se había deshecho del estalinista Malenkov, venía pensando desde 1955 en desenmascarar lo que había supuesto la etapa de Stalin, porque creía que era el único medio para iniciar un cierto camino de reformas moderadas dentro del orden soviético. Constituyó una comisión secreta de investigación sobre las actuaciones del sucesor de Lenin, presidida por el historiador Pyotr Pospelov, que había sido uno de los biógrafos aduladores de Stalin. El documento elaborado afirmaba que existía una diferencia entre la modestia de Lenin y la egolatría de Stalin y señalaba la brutalidad de este contra personas que no habían cometido ningún delito y habían sido fieles comunistas cuyas confesiones resultaron obtenidas por la tortura. Incluso Kruschev, en su discurso ante el XX Congreso, acusa a Stalin de no atender las informaciones de la probable invasión de la Alemania nazi y de genocida de algunas nacionalidades, desmitificando su fama de «capitán más grande de la historia». Sin embargo, en la rehabilitación de muchos ajusticiados o encarcelados, Kruschev no llegó muy lejos y no incluyó a los trotskistas. Se cuenta la anécdota de que mientras pronunciaba su discurso en el XX Congreso le entregaron un papel anónimo de algún congresista que le preguntaba: «¿Y tú qué hacías mientras ocurrían estos hechos?». Kruschev interrumpió su intervención y preguntó quién lo había escrito. Se produjo un tenso y absoluto silencio y contestó: «Hice como todos vosotros, conservar la vida».

En el mundo comunista estas denuncias produjeron una gran convulsión, especialmente porque la crítica se centró en la figura de Stalin sin extenderla a las instituciones que le ayudaron en sus planes. Se prohibió difundir al mundo occidental el discurso de Kruschev por considerar que era proporcionar argumentos al capitalismo. A la postre, la actuación de un personaje no debía empañar la lucha por el socialismo. Los servicios secretos occidentales desconocían los planes de Kruschev y su plan de desestalinización, salvo los de Israel. Comenzaba, de todas formas, una nueva época, con una cierta distensión mundial, sin que los dos grandes bloques bajaran la guardia. Se mantuvo la guerra soterrada de espías y de influencias sobre los nuevos países descolonizados de Asia y África, sobre los movimientos revolucionarios guerrilleros de

Sudamérica, o el apoyo a sectores cristianos que propiciaban un diálogo con el marxismo, y el deseo de reconciliarse con la Yugoslavia de Tito, pero manteniendo la soberanía limitada sobre los países del este de Europa.

La propaganda comunista siguió defendiendo a la URSS y aprovechaba cualquier conflicto para desacreditar a Estados Unidos y a los países occidentales, aunque se admitió la táctica del PC italiano, defendida por su líder Palmiro Togliatti, de alcanzar el poder por métodos democráticos y la vía libre para que el PCE cambiara su estrategia política proponiendo la «reconciliación nacional» defendida por Santiago Carrillo y el abandono de la lucha guerrillera de los llamados «maquis» contra el dictador Francisco Franco. Se trataba de combinar la coexistencia pacífica con la agitación social y política en cada uno de los bloques, utilizando todo tipo de propaganda a favor y en contra del otro bando, como ocurrió con la pugna por la conquista del espacio, la exaltación de los que viajaban más allá de la atmósfera —se nombró héroe de la URSS al astronauta Yuri Gagarin—, y de igual modo la rivalidad se extendió a las armas nucleares. Eso mismo ocurriría en la guerra del Vietnam, que transcurrió entre 1964 y 1975, donde los norteamericanos no lograron evitar la división del país entre un régimen comunista, la República Democrática del Vietnam dirigida por Ho Chi Minh con capital en Hanoi, y otro prooccidental con capital en Saigón, después de que los colonizadores franceses abandonaron la zona. Y también, anteriormente, en 1961, con la construcción del muro de Berlín, en una ciudad dividida en una parte occidental y otra prosoviética a donde solo se podía acceder por avión, para impedir el paso de los alemanes del Este a la República Federal Alemana que los países democráticos ganadores de la II Guerra Mundial habían contribuido a crear en la parte controlada por británicos, estadounidenses y franceses.

Estados Unidos, por su parte, acentuó la rivalidad que estalló entre soviéticos y chinos a partir de 1957, y quince años después el propio presidente estadounidense Richard Nixon se entrevistaría con Mao. Hubo escisiones en los partidos comunistas de todo el mundo, pero principalmente en Italia, España y Argentina, porque algunos militantes optaron por el marxismo-maoísmo que alcanzó su paroxismo en la denominada «Revolución Cultural», que significó una radicalización con respecto a los valores occidentales e incluso soviéticos, después de un periodo aperturista, entre 1956 y 1958, denominado «campaña de las cien flores».

En lo que respecta a China, *El libro rojo* de Mao se convirtió en un catecismo para millones de seguidores, y se llegó incluso a efectuar el cambio del simbolismo de los semáforos: podía transitarse en rojo, color de la revolución, y debía pararse cuando aparecía el color verde. Mao había publicado en 1957 un folleto titulado *Sobre el tratamiento correcto de las contradicciones en el seno del Pueblo*, en el cual se decía que «el marxismo solo puede desarrollarse en la lucha, y esto no es solo para el pasado y presente, también es necesariamente para el futuro». La literatura occidental y parte de la rusa fueron consideradas antirrevolucionarias y burguesas. Los sectores reformistas del PCCh se vieron apartados de sus cargos y una fuerte represión se extendió entre aquellos considerados tibios con los principios marxistas-maoístas. Solo pudieron retomar el poder a la muerte de Mao, a los 82 años, cuando se eliminó a la llamada «banda de los cuatro», a la que pertenecía la esposa oficial de Mao y algunos de los dirigentes más radicales en la defensa de los principios revolucionarios. Todos ellos habían contado, mientras el máximo dirigente comunista vivía, con su apoyo para llevar a cabo las depuraciones de los «aburguesados y contrarrevolucionarios» acusados durante la llamada «Revolución Cultural», o con los que tenían un pasado considerado insuficientemente revolucionario.

LOS MOVIMIENTOS SOCIALISTAS EN LATINOAMÉRICA: DE LA CUBA DE FIDEL CASTRO AL CHILE DE SALVADOR ALLENDE

Las condiciones económicas y sociales de lo que se ha dado en llamar «Latinoamérica» o «Iberoamérica» eran lo suficientemente propicias para que cuajara un movimiento revolucionario de signo marxista o anarquista, tanto entre la población autóctona con presencia de indígenas en los pueblos andinos y México, como en el conglomerado multirracial en Brasil o entre los nuevos emigrantes que se habían trasladado principalmente desde Europa, en especial de España y en menor medida de Italia. Los lugares más proclives eran Argentina, Chile y Uruguay, aunque también Cuba, que hasta 1898 había formado parte de la corona española, así como Colombia, Venezuela, y en menor medida Perú. Las condiciones en que quedó el mundo, dividido en dos bloques ideológicos y económicos, afectarían a la estrategia de las dos superpotencias en su relación con los países latinoamericanos. Durante la II Guerra Mundial, Argentina, Chile o México entre otros, se vieron favorecidos por las exportaciones, que continuaron hasta la guerra de Corea, pero después disminuyeron drásticamente y conviene además no olvidar que el Plan Marshall no fue aplicado a Sudamérica. Solo Brasil había mandado un contingente militar a luchar en la guerra contra Alemania, mientras en el país había una dictadura de corte corporativista, el Estado Novo de Getulio Vargas, que se vio obligado a dimitir y convocar elecciones en diciembre de 1945 para elaborar una nueva Constitución. Sería elegido presidente de la República el general Enrique Dutra, con el apoyo de los socialdemócratas, aunque Vargas volvería al poder al ganar de nuevo la presidencia con el Partido Trabalhista Brasileiro (PTB) en 1950 al obtener el 48,7% de los votos. Sin embargo, su populismo le llevó al aislamiento político en el interior de su país y ante Estados Unidos, y acabaría suicidándose en 1954. Escribió una carta culpando a los intereses de ciertos grupos internacionales conectados con sectores del país para concluir que dejaba «la vida para entrar en la historia». En 1955 sería elegido presidente el socialdemócrata Juscelino Kubitschek, quien practicó una política de sustitución de importaciones. Los comunistas en Brasil eran un grupo reducido con escasa influencia política. En Argentina, la dictadura del general Juan Perón fue la más próxima a los alemanes y ayudó a España en la posguerra. Por otro lado, su mujer, Eva Perón, que visitaría varias ciudades españolas, fue convertida en mito por el sindicalismo de la Confederación General del Trabajo (CGT) que pasó a defender la política peronista que adquirió formas peculiares de populismo. En ella existían posiciones de extrema izquierda y de ultraderecha. Sus orígenes se encuentran en la sindical Federación Obrera Regional Argentina (FORA) controlada por anarcosindicalistas entre los cuales tuvieron un papel relevante los exiliados anarquistas españoles como Diego Abad de Santillán y Emilio López Arango.

A pesar de las diferencias entre los distintos países latinoamericanos existían tendencias sociales parecidas: una lengua similar, el español, además del portugués en Brasil, junto a un crecimiento demográfico expansivo entre 1950 y 1980: Argentina pasó en esos años de diecisiete millones de personas a veintiocho, Brasil de cincuenta y dos a ciento veinte millones, Venezuela de cinco a quince y Chile de seis a once. Hasta los años 70 los calificados como analfabetos no podían votar en la mayoría de los países, salvo en México y Argentina, y las mujeres adquirieron el derecho al voto de manera discontinua, según los Estados, entre 1945 y 1961.

También compartieron una población que mayoritariamente vivía en precarias condiciones y había empezado a trasladarse del campo a las grandes ciudades instalándose en territorios no urbanizados sin tener las mínimas condiciones de salubridad. Las favelas brasileñas en Rio de Janeiro o Sao Pablo, así como los barrios de México D.F. son ejemplos de estas nuevas condiciones sociales que se extenderían por las grandes ciudades de Iberoamérica.

Las posibilidades de desarrollo no se tradujeron en un crecimiento equilibrado, provocando un desajuste entre una minoría que controlaba la mayor parte de la riqueza, agrícola, comercial e industrial, y unas clases obreras y campesinas, indígenas, criollas o emigradas, que apenas contaban con el mínimo sustento para subsistir. Algunos empresarios invirtieron, apoyados por sus Gobiernos, para desarrollar una industria propia basada en bienes de consumo pero no pudieron competir con los estadounidenses o con los europeos, así que el mercado se restringió a sus territorios. Y además, Estados Unidos buscaba ampliar sus intereses en el continente. Como diría el presidente mexicano Gustavo Díaz Ordaz, «México tan lejos de Dios y tan cerca de los Estados Unidos», lo que reflejaba el sentimiento que se extendió por toda Latinoamérica y provocó distintos movimientos revolucionarios que desbordaban a los partidos socialistas o comunistas que existían en Europa.

La democracia liberal tuvo un estado precario durante largos periodos. Era frecuente el establecimiento de dictaduras militares que han quedado reflejadas en una literatura en castellano de gran calidad, como la del escritor colombiano y premio Nobel de Literatura Gabriel García Márquez quien, entre sus obras narrativas, retrató la figura del militar que se convierte en jefe de un Estado al que controla por su única voluntad en *El otoño del patriarca*. En 1947 se establecieron en Río de Janeiro unas bases para la constitución de la Organización de Estados Americanos (OEA), con el objetivo de afrontar una defensa conjunta ante una amenaza proveniente del interior o del exterior. En 1954, en la Conferencia de Caracas, se aprobó una resolución, cuando era el presidente estadounidense Ike Eisenhower, que declaraba que el comunismo suponía un ataque a la soberanía de los países, y en base a ello la Central de Inteligencia de Estados Unidos (CIA) reclutó a un contingente para derribar, en Guatemala, al Gobierno de Arbenz Guzmán, elegido democráticamente. Sin embargo, durante el mandato de John F. Kennedy en 1961 se lanzará la idea de la Nueva Frontera en un intento de reconducir las relaciones con América Latina desde posiciones de diálogo y fomento de la democracia, algo que no tuvo tiempo de cuajar por su asesinato, pero que volvió a retomarse durante la presidencia de Jimmy Carter, ya en 1980.

Modelos representativos del comunismo y socialismo

La Cuba de Fidel Castro y el triunfo de la Unidad Popular en Chile con la elección de Salvador Allende como presidente de la República son dos ejemplos de la especificidad del socialismo y el comunismo en Latino-américa. Junto a ellos predominan fórmulas populistas o de partidos que permanecen en el poder durante muchos años. Es el caso del peronismo en Argentina o del Partido Revolucionario Institucional (PRI), que después de la Revolución Mexicana —una «revolución agra-rista» sin una ideología concreta—, iniciada en 1910 y que contaría con las míticas figuras de Maximiliano Zapata y Pancho Villa reclamando el reparto de tierras para los campesinos. El PRI se constituyó en México en el principal eje de la política mexicana durante más de 60 años, estructurando un sistema de poder que creó distintas redes de intereses durante casi todo el siglo xx.

La Cuba de Fidel Castro

Cuba, desde su independencia en 1898, estaba siendo absorbida por la cultura estadounidense y había algunas propuestas de crear un Estado asociado a la gran potencia americana, al igual que Puerto Rico.

El Partido Ortodoxo, que aglutinaba a la izquierda, quedó descabezado con el suicidio de su líder, Eduardo Chibas, que se preveía que iba a ganar las elecciones convocadas en 1952, pero que al final no se celebraron por la presión norteamericana. Se hizo cargo de la presidencia interina el candidato Fulgencio Batista quien, desde posturas progresistas, había pasado a acentuar el anticomunismo, lo que en plena Guerra Fría le venía bien a Estados Unidos. Batista convocó unas elecciones amañadas en 1954, fue elegido presidente de Cuba e inició una intensa represión de cualquier tipo de protesta. Fidel Castro, nacido en 1926, hijo de un emigrante gallego que tenía una pequeña empresa, estudió con los jesuitas y, después, Derecho en la Universidad de La Habana, donde entró en contacto con círculos marxistas activistas. Estuvo en la cárcel por el intento de asalto al cuartel de Moncada, en Santiago de Cuba, salió libre por una amnistía, y se exilió en México y desde allí consiguió llegar a Cuba en el yate Granma, en noviembre de 1956, y comenzó la insurrección guerrillera acompañado del mítico argentino Ernesto Che Guevara. Desde la Sierra Maestra de la isla, combatieron contra la dictadura de Fulgencio Batista quien había permitido la corrupción y la penetración de negocios norteamericanos vinculados en parte a la mafia. La victoria definitiva se produjo con la entrada en La Habana el 1 de enero de 1958, levantando la bandera nacionalista y la lucha contra la corrupción. Batista perdió el apoyo estadounidense y se exilió hasta recabar en la ciudad malagueña de Marbella, donde moriría en 1973.

En la guerrilla cubana habían convivido distintas tendencias políticas, pero el liderazgo de Fidel Castro se impuso y proclamó que la revolución solo podía ser comunista, lo que despertó inquietud del Gobierno estadounidense. Fidel, al principio, designó para la política económica a jóvenes economistas, bajo la dirección del Che Guevara, que tenían como objetivo industrializar el país y superar los monocultivos de la caña de azúcar y del tabaco, ampliando el mercado interior de la isla y eliminando los incentivos de productividad por los incentivos «morales» como debía corresponder a un país socialista. Las medidas no tuvieron éxito y se abandonó el plan de industrialización acelerada. En 1970, Castro optaría por volver a los cultivos tradicionales y propuso que la zafra azucarera debía llegar a los diez millones de toneladas, algo que no pudo alcanzarse. La política económica no tuvo un camino único y fue cambiando a medida que el régimen castrista se aislaba más de Estados Unidos y se acercaba pronto a la URSS, lo que produjo un paulatino empobrecimiento de la población, teniendo en cuenta que Cuba había tenido estándares de vida superiores a otros países del Caribe y de Sudamérica. Un número importante de cubanos se exiliaron, instalándose principalmente en el estado norteamericano de Florida, y conspiraron para derrocar a Castro con el apoyo estadounidense. Su hermano Raúl Castro controló el Ejército para evitar levantamientos internos, llevando a cabo una profunda remodelación y colocando a mandos de confianza en los puestos clave.

Muchos intelectuales y militantes de partidos de izquierdas de todo el mundo se sintieron atraídos por el régimen castrista, que intentó exportar su modelo revolucionario a otros países latinoamericanos como una manera de romper el aislamiento diplomático que cada vez era mayor por parte de Estados Unidos. Tropas cubanas lucharon incluso en Angola y Mozambique contra el colonialismo portugués. Y además el Che Guevara intentará una maniobra guerrillera en Bolivia, pero morirá en el intento en 1967 a los 39 años.

En 1961, durante el mandato del presidente Kennedy, se preparó una invasión de la isla en Bahía Cochinos con la ayuda de la CIA, pero al parecer los servicios de espionaje soviéticos avisaron a los cubanos de la operación y esta acabó en fracaso. En 1962 surgió la crisis de los misiles que Kruschev quiso instalar en Cuba con la oposición frontal de Estados Unidos, que no estaba dispuesto a que se consolidara una amenaza para su territorio con armas de gran alcance. Hubo un momento de gran tensión en el mundo porque podía declararse una nueva guerra, esta vez con la utilización de armas nucleares. Sin embargo, la situación se tranquilizó y Kruschev dio marcha atrás. De todas formas, en 1965 el pacto cubano-soviético le llevó a Fidel Castro a considerar al Partido Comunista de Cuba como la única opción política autorizada. Con el tiempo el castrismo perdió credibilidad en todo el mundo, especialmente cuando los países comunistas comenzaron su declive a partir de 1989. Su permanencia en el poder, sin cambios sustanciales en el control político, reprimiendo la disidencia, y con una estructura económica dirigida, provoca un deseo de huida de la isla, junto a un proceso de burocratización que origina casos de corrupción incluso para conseguir una casa o poder salir de la isla.

El experimento chileno de Salvador Allende

Chile tuvo en los años 30 del siglo XX una república socialista en un país que no tenía una tradición amplia de dictaduras militares como otros países sudamericanos. Entre 1927 y 1931 el general Carlos Ibáñez, sin embargo, implantó una, pero con la crisis de 1930 el país entró en una profunda recesión y se desencadenaron diferentes estallidos: la insurrección de los marineros de la Armada chilena ante la reducción de los salarios —que los comunistas intentaron considerarla como una rebelión dirigida por ellos—, o la huelga general el 11 de enero de 1932 dirigida por el abogado socialista Rubén Morales. Se declaró la ley marcial y se aprobó una Ley de Seguridad del Estado. La economía cayó en picado y las rentas fijas sufrían retrocesos importantes. El 4 de junio de 1932, un grupo de militares y civiles tomaron el poder y proclamaron una república socialista, la primera en América Latina. Entre las medidas adoptadas destaca una profunda reforma agraria, y además se actuó bajo el lema de «pan, techo y abrigo». Algunos comunistas, que estaban divididos entre ortodoxos y trotskistas, y los militares más moderados, se enfrentaron al Consejo Revolucionario. Al final los militares contrarios al rumbo que tomaban las cosas decidieron detener y enviar a islas del Pacifico a los principales dirigentes obreros, militares y civiles partidarios de continuar con el proceso revolucionario que duró solo hasta el 16 de junio de 1932. A partir del 19 de abril de 1933, diez meses después de la revolución fracasada, surgió un Partido Socialista que declaraba el marxismo como método de interpretación de la realidad, «enriquecido y rectificado por todos los aportes científicos del constante devenir social».

Hasta 1970 no se vivió un momento parecido, con el triunfo en las elecciones a la presidencia del médico de Valparaíso, Salvador Allende. Ya había alcanzado fama como dirigente estudiantil y llegó a ejercer como médico en su provincia natal. En 1958 se presentó a la elección presidencial como candidato del Frente de Acción Popular, frente al candidato del Partido Demócrata

Cristiano, Eduardo Frei, y al conservador Jorge Alessandri, que ganó con un 31,2% de los votos mientras que Allende quedaba en segundo lugar con un 28,5%, y Eduardo Frei obtenía el 20,4%. Algunos analistas interpretaban que la sociedad chilena estaba dividida en tres partes casi iguales: la izquierda, la derecha y el centro.

Alessandri no pudo establecer una economía equilibrada y durante su mandato se produjeron múltiples protestas y huelgas.

En las elecciones de 1970 se presentó una coalición formada por socialistas, comunistas, el Partido Radical y una escisión del Partido Demócrata Cristiano, bajo la denominación de «Unidad Popular», encabezada por Allende, que obtuvo el 36,2% de los votos frente al candidato de la derecha, Alessandri, con el 34,9% y el 27,8 para Radomiro Tomic, del Partido Demócrata Cristiano. Se abrió entonces una discusión sobre si era necesario acelerar el proceso de reformas o consolidar lo ya legislado. Ambas posibilidades han sido analizadas posteriormente desde distintas ópticas: si fue o no conveniente practicar una política radical cuando el país no tenía una mayoría clara de izquierdas, aunque Allende intensificó la industrialización y redujo la inflación en sus primeros tiempos de mandato, a la vez que nacionalizaba la minería del cobre, una de las principales riquezas del país.

La Unidad Popular fue adquiriendo cada vez más respaldo en las elecciones legislativas y las municipales, y en 1971 superó en muchos pueblos y ciudades el 50% de los votos. Sin embargo, la situación económica fue empeorando con la bajada del precio del cobre en los mercados internacionales y los empresarios se resistían a invertir por la inseguridad de sus beneficios. La alianza

Allende murió defendiendo el Palacio de la Moneda,
símbolo del régimen constitucional de Chile

con Fidel Castro, que visitó Chile durante una larga temporada, provocó la animadversión de Estados Unidos, al
tiempo que se producían discrepancias fundamentales
entre los partidos de la colación ante una situación económica que se iba deteriorando día a día. Allende incorporó militares a su Gobierno para darle autoridad a su
política e intentó un acuerdo con los democristianos. La
hostilidad de los diputados de la derecha en el Parlamento aumentó y las huelgas alcanzaron una dimensión
importante, como la de los transportistas que llegaron a
colapsar el comercio del país. Los militares realizaban
reuniones clandestinas y obligaron a dimitir al general
Juan Prats, ministro y comandante en jefe de las fuerzas
Armadas. En su lugar se nombró a Augusto Pinochet que,
el 11 de noviembre de 1973, dio un golpe de Estado,
bombardeando el Palacio de la Moneda, residencia oficial

de Salvador Allende, quien murió luchando contra el asalto del edificio. Se iniciaba así, con la colaboración de la CIA estadounidense, un periodo novedoso en la historia del país, con una constante y dura represión de los sectores de izquierdas contrarios a la dictadura, durante la que desaparecieron asesinadas miles de personas que habían simpatizado con las ideas de la Unidad Popular.

ÁFRICA: UN SOCIALISMO ANTICOLONIALISTA

En África hay que distinguir tres zonas principales que a grandes rasgos comprenden la zona norte del continente, de población árabe y religión principalmente musulmana, a la que habría que añadir el Oriente Medio, situado en el oeste de Asia. Otra es el África Ecuatorial donde se combina el colonialismo francés con el británico, y el África Negra, al sur. En el caso de la primera, el socialismo penetró a finales del siglo XIX y principios del XX, aunque de una manera peculiar porque combinó las ideas socialistas con las tradiciones árabes. Sin embargo, salvo en el caso de Turquía, donde el movimiento de militares dirigidos por Mustafá Kemal pretendió tras la I Guerra Mundial una occidentalización completa de la sociedad turca —que no triunfó del todo en muchos lugares de la península de Anatolia—, el resto de países árabes tuvo siempre presente la tradición arabista y la mitificación de su historia triunfal en el pasado medieval. El retorno a los orígenes ha sido un elemento primordial que ha impedido la configuración de un socialismo a la europea, e incluso, en los últimos años, los valores religiosos han sido utilizados para defender la lucha contra el Occidente explotador y han sustituido a la interpretación marxista de los procesos sociales. Desde la revuelta, en 1952, de los oficiales egipcios, dirigidos por Gamal Abdel Nasser, la consiguiente nacionalización del canal de Suez en 1956, la proclamación de la República en Irak en 1958, la independencia de Sudán en 1955, la de Marruecos en 1956 y la de Argelia en 1962 —con costes sociales de gran envergadura por la lucha entre los independentistas y los partidarios de mantener Argelia como parte del territorio de Francia—, con repercusiones políticas en la IV República francesa que llevó al general De Gaulle al poder y dio paso a una nueva Constitución con la V República, el mundo árabe tuvo siempre presente el elemento musulmán. En algunos casos trató de combinar el arabismo con el marxismo, o con ideas socialistas deslavazadas, sin mucho éxito, como ocurrió con el partido Baaz que se extiende en todo el mundo árabe y que incide en la independencia y en la unidad de todos los pueblos árabes en una misma comunidad política y religiosa. El nasserismo pretendió liderar desde Egipto los cambios sociales y políticos desde una perspectiva social propia, y proponía instaurar el socialismo sin socialistas declarados para modernizar al mundo árabe y competir con el desarrollo occidental, aunque los distintos Estados-naciones como Libia, Siria y Jordania —nacidos de la división colonial— y las diferentes tribus árabes harían difícil el proyecto. De ahí que el intento de una República Árabe Unida constituida en 1958 por Egipto, Siria y más tarde, Yemen no duraría mucho. El comunismo intentaría penetrar como un contranacionalismo incidiendo en los factores de independencia y explotación secular, pero nunca pudo superar los factores arabistas y populistas, salvo en pequeños círculos occidentalizados. No se ha creado una tradición parlamentaria con suficientes garantías de libertad de expresión. El control militar y político ha partido siempre de un solo partido o un grupo de poder que ha impuesto el ritmo de la política y que, en muchos casos, ha dividido a la sociedad árabe en dos sectores diferenciados, el prooccidental y los partidarios de rescatar los principios arabistas desde la tradición y el Corán.

En el África Negra, el socialismo y el sindicalismo apenas habían surgido antes de la II Guerra Mundial. Los países europeos vencedores en aquel conflicto mantendrían sus colonias y, en todo caso, se preveían pequeñas reformas, consistentes principalmente en inversiones en infraestructuras que, contrariamente a los propósitos de los colonialistas, contribuyeron a extender las ideas de independencia entre la población autóctona. Muchos indígenas habían sido reclutados para luchar contra el nazismo y habían entrado en contacto con quienes defendían la causa de la libertad y la independencia de los pueblos. Unos pocos tuvieron la oportunidad de estudiar en universidades europeas y se impregnaron de la cultura occidental que implicaba el reconocimiento de la nacionalidad de los pueblos y la formación de Estados y empezaron a reivindicar, desde los territorios arbitrariamente divididos por los europeos colonialistas, la constitución de unidades políticas que muchas veces no coincidían con la etnia dominante.

El proceso de descolonización se consolida entre 1960 y 1968, en unos casos con guerras cruentas y en otros con acuerdos con la metrópoli que pacta la independencia política intentando mantener sus intereses a salvo. Es el caso de Gran Bretaña, que constituirá la Commonwealth con sus antiguas colonias, aunque en Rodesia (actualmente Zimbabue) y en Kenia hubo tensiones importantes por la presencia de colonos ingleses que explotaban las tierras. Francia, en cambio, tenía un modelo colonial que consideraba a sus territorios como unas provincias más de la República francesa e intentó impedir los movimientos de independencia, y algo parecido ocurrió con Portugal en el caso de Angola y Mozambique.

El socialismo y el comunismo fueron dos formas de justificar la descolonización aludiendo a la necesidad de acabar con la explotación colonial. Precisamente las ideas de Lenin de que el imperialismo era la última fase del capitalismo —que fueron en parte extraídas del politólogo y economista británico John Atkinson Hobson en su obra de 1902 *Estudios sobre el imperialismo*— prendieron en sectores de la población que exigían el derecho a la autodeterminación. Pero también aquí se entremezcló el socialismo con las tradiciones ancestrales de los pueblos africanos. Las reivindicaciones empezaron con la creación de sindicatos de trabajadores que reclamaban mejores salarios y jornadas laborales más cortas, siguiendo el modelo de los sindicatos europeos. Ferroviarios, portuarios y funcionarios fueron los primeros en asociarse sindicalmente y desde estos sindicatos fluyeron en paralelo las influencias políticas socialistas y comunistas que muchos líderes africanos reclamaron para defender sus reivindicaciones independentistas. No obstante, las luchas tribales y la corrupción de los nuevos Gobiernos derivaron en dictaduras militares o civiles que han desestabilizado el poder político en la segunda mitad del siglo XX. Destacaron líderes como Sékou Touré en Guinea, Patricio Lumumba en la actual República Democrática del Congo desde 1997, Kwame Nkrumah en Ghana, o Michel Imudu en Nigeria, país con una fuerte

Nasser se convirtió en referente principal del nacionalismo árabe o panarabismo.

tradición musulmana en el norte, quien dirigió las huelgas en los ferrocarriles y en la minería y creó las bases para la construcción de un Partido Comunista. En Kenia los colonos europeos dominaban el territorio e hicieron todo lo posible para ilegalizar los movimientos sindicalistas y socialistas, pero los sindicatos británicos, las Trade Unions, apoyaron su formación. En Zambia el sindicalismo africano comienza a partir de 1950, bajo la dirección de Lawrence Katilungu, y tuvo que enfrentarse al de los trabajadores blancos. En Tanzania el socialismo y sindicalismo fue liderado por Julius Nyerere. En Rodesia, controlada por los blancos y unilateralmente independizada de Gran Bretaña, pretendieron impedir la formación de una conciencia de clase obrera negra, pero por la influencia socialista y comunista se organizaron sindicatos interraciales que tuvieron que enfrentarse a los de tendencia racista. En Sudáfrica el *apartheid* duró mucho tiempo y la lucha contra segregación impuesta por los antiguos colonos de raíz anglosajona u holandesa costó muchas vidas. Este fue el principal problema reivindicativo de la población de color y su principal líder en el combate contra el segregacionismo. Nelson Mándela pasó muchos años en la cárcel hasta convertirse en un símbolo por la igualdad de los pueblos y la libertad de todos los seres humanos por encima del color de su piel. Fundó en 1944 las juventudes del Partido del Congreso Nacional Africano, que en 1958 pasará a llamarse «Congreso Panafricano», y crea en 1961 una sección armada donde militan desde socialistas y comunistas a cristianos. Será capturado en 1962 y condenado a cadena perpetua. Fue liberado en 1990, cuando se consiguió abolir el *apartheid* condenado por todas las instancias internacionales. Recibe el Premio Nobel de la Paz en

1993, y en 1994 Mandela es elegido presidente del país con el renacido Partido del Congreso Nacional Africano (CNA). Estuvo apoyado por todas las fuerzas políticas *antiapartheid,* especialmente socialistas, comunistas y sectores cristianos. En otros países que tuvieron un proceso de descolonización convulso, como Angola y Mozambique, colonias portuguesas, la penetración de la influencia de la URSS fue intensa así como la respuesta de Estados Unidos para evitar que los nuevos Estados africanos entraran en la órbita soviética.

LAS FRONTERAS DE LA SOCIALDEMOCRACIA EN LAS CRISIS DEL LIBRE MERCADO

Desde finales de la década de 1950 hasta 1973 el crecimiento europeo, norteamericano y japonés fue exponencial y se constató que, sin grandes convulsiones revolucionarias, la sociedad capitalista podía crecer y dar cobertura social —desde el nacimiento hasta la tumba— a todos los trabajadores. Alemania, por ejemplo, tras el derrumbamiento económico y la miseria de la postguerra, reconstruyó su economía en la parte occidental hasta alcanzar los estándares más altos del desarrollo económico, consiguiendo la renta más elevada por habitante de Europa. Los emigrantes italianos, españoles y turcos contribuyeron al desarrollo del país y también al crecimiento económico de sus respectivos países a través de las remesas de dinero que enviaban. Sanidad gratuita, escuelas públicas, prestaciones por desempleo, accidentes de trabajo y jubilación, vacaciones pagadas... se convirtieron en algo natural.

Todos estos logros se extenderán de manera generalizada por la mayor parte del mundo occidental, que
había visto cómo el liberalismo clásico no pudo evitar
afrontar la crisis de los años 30 del siglo XX con medidas
económicas basadas en el predominio de la oferta y la
demanda del mercado y en el rechazo a que el Estado tuviera un papel predominante en la dirección de la política
económica y dirigiera, también, los presupuestos dirigidos a la política social. De esta manera se establecieron,
además, subsidios agrarios para evitar la ruina de los
agricultores ante una mala cosecha o una superproduc-
ción que abaratara los costes de los productos.

Las ideas del gran economista británico de la primera mitad del siglo XX John Maynard Keynes se aplicaron en la mayoría de los países occidentales desarrollados
con mayor o menor intensidad y dieron como resultado la
construcción del estado de bienestar durante más de dos
décadas y media. William Henry Beveridge, un aristócrata dedicado a las causas humanitarias y a eliminar la
miseria de los más desfavorecidos, las defendería en su
informe para las reformas sociales que le pidió, en 1940,
el ministro de Trabajo británico, Ernest Beverin. En 1944
presenta un segundo «Informe Beveridge» (Full employ-
ment in a free society, es decir, «Trabajo para todos en
una sociedad libre») y cuando en 1945 el laborista Atllee
le gana las elecciones a Churchill, hace suyo su programa. Esas reformas sociales se extenderían por países
como Suecia —donde el socialdemócrata Axel Wigfords
impulsó las mayores prestaciones—, Dinamarca, Noruega y más lentamente en Alemania e Italia. El llamado
«neoinstitucionalismo» crea un ambiente que parece
irrebatible y que consolida el capitalismo en el mundo.
El Partido Laborista británico se convierte en la única

alternativa frente a los conservadores en la alternancia del poder y ya no se pone en cuestión un mercado sin regulación directa del Estado. De hecho, la socialdemocracia enarbolará el estado de bienestar como su gran logro —con la aceptación del capitalismo social—, aunque en su construcción hayan participado, también, la democracia cristiana italiana y alemana así como la derecha francesa, y lo defenderá como el mejor medio para liberar a la clase obrera de su secular miseria en contraposición a la situación de los trabajadores de los países comunistas, arguyendo que su modelo proporcionaba mejoras más contundentes a toda la población trabajadora.

El crecimiento sostenido que se había producido empezó a tener problemas. Por un lado, se produjo en 1973 la crisis del petróleo, principal fuente de energía, en la que los países productores organizados en la Organización de Países Exportadores de Petróleo (OPEP), temerosos de que sus reservas se agotaran ante la creciente demanda, encarecieron su precio; y, por otra parte, no conviene ignorar las enormes sumas que las prestaciones sociales suponían para el erario público. Parecía que las prestaciones del estado de bienestar se hacían insostenibles y comenzó a discutirse si la aplicación de las ideas de Keynes favorecía o perjudicaba el crecimiento económico y si podían mantenerse los beneficios que disfrutaban la mayoría de ciudadanos. Un claro ejemplo de todo ello es el caso de Dinamarca, donde si uno iba a una oficina de desempleo y afirmaba que su profesión era «domador de leones» recibía permanentemente los subsidios por desempleo hasta que se le encontrara un puesto de trabajo igual.

John Maynard Keynes. Todos sus escritos económicos fueron
respuesta a problemas acuciantes de la economía de su tiempo.

Los Gobiernos conservadores de Margaret That-
cher en Gran Bretaña y de Ronald Reagan en Estados
Unidos intentaron entre finales de la década de 1970 y
la de 1980 aplicar las ideas neoliberales defendidas por
los economistas de la Universidad de Chicago, cuyo máximo representante fue el economista estadounidense y
premio Nobel de Economía Milton Freedman, quien
tuvo una capacidad divulgadora para convencer de que
el Estado debía disminuir el gasto público y reducir los
impuestos para que fueran los ciudadanos quienes decidieran sus propias opciones económicas, invirtiendo en
lo que pudiera parecerles más adecuado. Así, también
fue discutida la enseñanza pública o la sanidad comple-
tamente gratuita porque muchas personas querían elegir
otras opciones y exigían la reducción de los impuestos
para decidir libremente en qué gastar su dinero. Con

todo, el estado de bienestar no pudo ser desmantelado como querían algunos. La presión de los partidos social-demócratas, y de algunos demócratas cristianos, así como la postura de los sindicatos, impidió que desaparecieran muchos servicios públicos aunque, por ejemplo, en Gran Bretaña se privatizaron los ferrocarriles y empresas del Estado creadas con posterioridad a la II Guerra Mundial.

La ola neoliberal se extendió por toda Europa, e incluso los partidos socialdemócratas admitieron un cierto liberalismo en sus planteamientos políticos hasta llegar en algunos casos a reconocerse como socialistas liberales. Se dejó que las distintas monedas de los países occidentales, antes de la entrada del euro, no tuvieran cambios constantes, de acuerdo con las directrices del Fondo Monetario Internacional (FMI) y variaran según las fluctuaciones de la bolsa y el mercado financiero, lo que provocó una cierta desvalorización del dólar. Atajar el crecimiento de la inflación fue un objetivo prioritario para disminuir las tasas de desempleo, restringiendo la cantidad monetaria en circulación. Las prestaciones sociales fundamentales no desaparecieron y, en todo caso, se ajustaron durante los años 80 y 90 del siglo pasado a las realidades del crecimiento y la productividad de las empresas, procurando que las jubilaciones no se deterioraran ante el aumento de años de vida media que alcanzaban los trabajadores. En algunos casos pudo servir como acicate para la investigación, el diseño y el marketing de muchos productos industriales o de servicios. Con la entrada en el mercado de los nuevos Estados emergentes, China e India principalmente, las condiciones económicas y sociales empezaron a cambiar. Además, la masiva emigración de Latinoamérica, del

Magreb o de las zonas subsaharianas para ocupar puestos de trabajo que los europeos —con una demografía en recesión— desechaban, provocaron la reconversión de muchas industrias europeas y la necesidad de adaptarse a los nuevos ajustes de un mercado cada vez más globalizado.

El voto de la izquierda aumentó en la década de 1970 en todos los países europeos y el SPD alemán obtuvo los mejores resultados de su historia en 1972, liderado primero por Willy Brandt y después por el pastor protestante Helmut Schmidt. En Suecia la figura de Olof Palme, asesinado posteriormente mientras paseaba con su mujer después de salir del cine un 28 de febrero de 1986 por una calle de Estocolmo, fue un símbolo de la socialdemocracia escandinava que muchos querían imitar. En Francia, después de lograr la unidad socialista, François Mitterrand consiguió la presidencia en 1981, formó un Gobierno de comunistas y socialistas que no pudo evitar el deterioro económico y pronto tuvo que aceptar una realidad más conforme con políticas liberales. Pero el voto socialdemócrata comenzó a disminuir progresivamente en la década de los ochenta en Gran Bretaña, Alemania y los países escandinavos, mientras que aumentaba en el sur de Europa —España, Portugal y Grecia.

LAS REINTERPRETACIONES DEL MARXISMO EN LOS AÑOS 70 DEL SIGLO XX: EUROCOMUNISMO Y SOCIALDEMOCRACIA

Todos estos cambios repercutieron en la interpretación política y social que hacía el marxismo en sus dos versiones, socialista y comunista, sobre los procesos sociales. Se inició un nuevo revisionismo en la década de 1960, cuando los partidos socialdemócratas estuvieron mucho tiempo en la oposición. Pero en esta ocasión ya no ocurrió como en los tiempos del socialdemócrata alemán, E. Bernstein, que tuvo en contra, al menos formalmente, a la II Internacional: en la segunda mitad del XX la socialdemocracia ya no ponía en duda la propiedad privada. La abolición del capitalismo no fue el elemento distintivo de la socialdemocracia, se referían a la igualdad de oportunidades y a la necesidad de compensar las desigualdades sociales, sin centrar sus objetivos en las nacionalizaciones ni en la planificación, ante el fracaso de la experiencia soviética. En noviembre de 1959 el SPD alemán ya había ratificado, en su Congreso ordinario de Bad Godesberg, el cristianismo humanista como una corriente más del socialismo democrático: «Que arraiga profundamente en la ética cristiana, el humanismo y la filosofía clásica», dejando fuera cualquier alusión al marxismo. Lo mismo había hecho el socialismo austriaco en 1958 al manifestar que el socialismo y el cristianismo «como religión de hermandad, eran perfectamente compatibles», no sin la oposición de sectores de izquierda dentro de los propios partidos. Los socialdemócratas abandonaron el anticlericalismo y trataron de atraerse a distintos sectores cristianos, especialmente después del Concilio Vaticano II —que supuso una transformación de la Iglesia católica tradicional para intentar adaptarse a los nuevos tiempos—, no sin padecer las reacciones de los sectores más conservadores. Fue en Portugal, y sobre todo en España, donde costó más deshacerse del marxismo como interpretación principal de las realidades sociales. La decisión firme del líder socialista español Felipe González lo conseguiría, en 1978, en el XVIII Congreso del PSOE. González había recibido la influencia de la socialdemocracia alemana, que le había ayudado a conquistar el poder dentro del partido en el Congreso de Suresnes en 1974, cerca de París, tras enfrentarse a los viejos dirigentes que habían vivido la Guerra Civil española y desbancar a Rodolfo Llopis, dirigente histórico del socialismo español. Llopis creará un PSOE histórico que se presentará con las mismas siglas a las elecciones de 1977, las primeras democráticas después de la muerte de Franco, sin lograr representación parlamentaria, mientras que el PSOE renovado sobrepasaba los 110 escaños. Este hecho supuso toda una sorpresa para el PCE, ya que sus miembros esperaban convertirle en el primer partido de la izquierda, como en Italia. Quien años después sería líder de Izquierda Unida —una aglutinación de tendencias de izquierdas cuya organización fundamental será el PCE—, Julio Anguita, justificará en 1995 aquel fracaso del comunismo español en su retorno a la arena democrática porque, según él, lo que se produjo fue en realidad la equivocación del pueblo español debido a la manipulación de las fuerzas burguesas internacionales.

Pensadores marxistas empezaron a cuestionar la interpretación que Marx había realizado en el siglo XIX. Uno de los principales autores, que había formado parte de los intelectuales polacos que se acercaron al marxismo, fue Leszek Kolakowski, católico practicante, quien en 1954 tuvo problemas con la ortodoxia oficial y fue tachado, cuando tenía 27 años, de desviarse del marxismo-leninismo. Era un hombre conocedor de varias lenguas —francés, alemán, polaco e inglés— y con una gran cultura, que se exilió en Inglaterra e impartió clases en Oxford y en distintos cursos en Francia, Italia y Estados Unidos. Su obra más famosa y controvertida fue *Las principales corrientes del marxismo,* originalmente publicada en París en 1976, en tres tomos, en polaco, y después traducida a muchos idiomas. Venía de estudiar las distintas interpretaciones cristianas, herejías o sectas, desde el final de la Edad Media. En 1966 el dirigente comunista Gomulka le llamó al orden públicamente por revisionista después de un curso sobre marxismo en la Universidad de Varsovia, posteriormente sería expulsado de su cátedra y cuando llegó a Gran Bretaña había ya abandonado el marxismo. Los últimos capítulos de su obra los dedica al marxismo soviético, con una especial relevancia para el estudio de Stalin, Trotsky y filósofos como Gramsci, György Lukács, Ernst Bloch y Herbert Marcuse, entre otros, además de analizar el marxismo agrarista de Mao. Para Kolakowski la principal fuerza del marxismo está en la ilusión romántica de que la historia tenía un camino ineluctable que desembocaría en el socialismo y la desaparición del capitalismo. El libro recibió muchas críticas de marxistas reconocidos como el inglés E. P. Thompson, autor de *La formación de la clase obrera en Inglaterra,* publicada originalmente en 1963, que marcó un hito en la interpretación del nacimiento de esa clase social. En Gran Bretaña surgió una serie de intelectuales, principalmente historiadores como Eric Hobsbawm o George Rudé, y sociólogos como Perry Anderson o Anthony Giddens , que hacen del marxismo una metodología de interpretación original que se despega de las versiones ortodoxas economicistas y deterministas que estaban siendo publicadas en la URSS o en las repúblicas populares.

En una posición diametralmente opuesta está el marxismo francés de Louis Althusser (1918-1990), que acabó su vida en un manicomio después de haber estrangulado a su esposa Hélène en 1980. Era miembro del PCF desde 1948, aunque siempre se mostró crítico con otros dirigentes de su mismo partido, como Roger Garaudy, que finalmente abrazó el mahometismo. En sus obras más importantes, escritas a finales de los sesenta del siglo XX, Para leer *El Capital* y *La revolución teórica* de Marx, Althusser abogó por una concepción antihumanista del marxismo, considerándolo como una ciencia que explicaba la realidad como lo hace la física o la química a partir del conocimiento de la historia por Marx, donde pueden distinguirse en su obra dos etapas. Una primera que participa del idealismo filosófico de Hegel, y otra segunda que rompe con él e interpreta la realidad por medio del «materialismo científico» donde establece la lucha de clases como proceso fundamental de la historia, a partir de su análisis en su obra cumbre, *El Capital*. A este cambio Althusser lo denomina «ruptura epistemológica» en relación con sus escritos anteriores. Tuvo relación con otro disidente del PCF, Michel Foucault, el cual concebía las enfermedades mentales como una forma de represión social. Pero es bajo la influencia de Jacques Lacan, quien lo psicoanalizó, que define la ideología como la representación de una relación imaginaria con las condiciones reales de existencia. Según Althusser, los neomarxistas habían abandonado el *materialismo dialéctico* y por ello matizó las tesis del marxista italiano A. Gramsci, que concebía la cultura como una manera de interpretar la dialéctica materialista y utilizó la concepción de «cultura hegemónica dominante» como una forma de sometimiento de la clase trabajadora

Althusser, el teórico del marxismo antihumanista que acabó matando a su mujer.

por las fuerzas políticas, mientras que en su caso esta se relaciona con el psicoanálisis. La historia, para Althusser, sería, por tanto, un proceso sin sujeto ni fines cuyo motor son las fuerzas productivas y la lucha de clases que las controla. E. P. Thompson criticaría, desde las posiciones del marxismo inglés, el análisis althusseriano en su obra *Miseria de la teoría*, publicada en España en 1981.

También los filósofos de la llamada «Escuela de Frankfurt», Theodor Adorno, Herbert Marcuse, Eric Fromm, entre otros miembros de la misma, intentaron redefinir el marxismo-leninismo porque los enemigos de clase que habían detectado Marx o Lenin tenían un carácter sectario, y para ellos los enemigos del proletariado no necesariamente están situados en la cúpula del poder político o económico: son principalmente los que distribuyen prejuicios sobre la lucha de clases o las ideas socialistas, y reprimen la sexualidad. Algunos teólogos católicos intentaron hacer compatible el mensaje evangélico de igualdad de todos los seres humanos con las ideas marxistas de la alienación y explotación de la clase obrera y campesina: nació así la llamada «teología de la liberación» que no fue aceptada por la jerarquía vaticana.

Los partidos comunistas occidentales, a medida que la realidad del denominado «socialismo real» iba conociéndose, cambiaron su estrategia y aceptaron el término «eurocomunismo» para definir la nueva forma en que los comunistas iban a proyectar su política en el mundo desarrollado, principalmente en Europa. Al principio el término fue criticado por los propios partidos comunistas, pero al final fue aceptado por españoles e italianos, y en menor medida por comunistas franceses. Rechazado por la URSS y por las Repúblicas democráticas socialistas del este de Europa, sin embargo acabó siendo la orientación que adoptaron los comunistas de los países capitalistas desarrollados o en vías de desarrollo, incluyendo Portugal y España, que hasta 1974-1977 vivieron bajo dictaduras militares pero que habían alcanzado un grado mayor de crecimiento económico que los países del Tercer Mundo. Era la fórmula para derrotar al capitalismo por medios democráticos, lo que tácticamente no les distinguía de los partidos socialistas o socialdemócratas, pero no aceptaban que la sociedad de mercado fuera la solución para construir una sociedad más justa. Creían en la desaparición del capitalismo como forma productiva y en la implantación paulatina del socialismo por métodos pacíficos.

6

Neoliberalismo, perestroika y socialdemocracia

GRECIA, PORTUGAL Y ESPAÑA: LA SUPERACIÓN DE LAS DICTADURAS Y EL AUGE SOCIALISTA

Después de la II Guerra Mundial los países europeos intentaron, por encima de las disparidades culturales y sus divergentes trayectorias políticas, hacer realidad aquella idea que expresara el político e historiador francés del siglo XIX François Guizot: «El carácter glorioso y original de la civilización europea ha sido que la autoridad y la libertad han vivido y crecido juntas, hombro con hombro, luchando siempre sin jamás reducirse mutuamente a la impotencia». La división en dos bloques repercutiría en Europa entre 1945 y 1989, pero después de 44 años cayeron las barreras, se destruyeron los muros y Alemania, como un símbolo de los nuevos tiempos, volvió a estar unificada. En 1957 nació el Tratado

JAVIER PANIAGUA

de Roma entre seis países que intentaban unificar sus economías. A esta Comunidad Económica Europea (CEE) fueron incorporándose posteriormente, y hasta el siglo XXI, un total de veintisiete Estados, pues ya con el Tratado de Maastricht, firmado en 1992, se pretendía una mayor integración política y social pasando a denominarse «Unión Europea» (UE).

A mediados de la década de 1970, junto a las autodenominadas «repúblicas socialistas democráticas del este de Europa» vinculadas a la estrategia política de la URSS, existían en el viejo continente todavía tres Estados no democráticos: Grecia, España y Portugal.

El fin de la monarquía griega

Grecia tenía un nivel económico similar a otros países del sur de Europa, como Portugal y España, al final de la II Guerra Mundial. Su industrialización no era muy potente y predominaba el pequeño y mediano propietario agrícola porque los latifundios habían sido eliminados. Habían padecido una guerra civil entre 1944 y 1949 cuando la guerrilla comunista, que surgió durante la II Guerra Mundial, apoyada por la URSS y Yugoslavia, pretendió controlar el país y las fuerzas militares estadounidenses lo impidieron. En realidad nunca había surgido un movimiento socialista consistente como en los demás países europeos y la lucha política se limitaba a un enfrentamiento entre liberales y monárquicos. A partir de los años 50 comenzó un desarrollo industrial y una emigración de campesinos a las grandes ciudades como Atenas y Salónica controlado por las empresas de Estados Unidos, la superpotencia que mantenía una alta intervención en la vida política de Grecia. Hasta finales de los años 50 del siglo XX el Gobierno estuvo en manos de los conservadores del ERE (Unión Radical de Grecia). Sería a partir de los años 60 cuando despuntó la figura de Giorgios Papandreu con su partido de la Unión de Centros desde el que defendía que el Ejército pertenecía a la nación y no a la monarquía.

Constantino había sucedido a su padre, el rey Pablo I, en 1964. Papandreu obtuvo el poder en las elecciones de 1964, convirtiéndose en primer ministro, y contó con la hostilidad del monarca y los sectores conservadores. En 1965, Constantino le obligó a dimitir al descubrirse una organización secreta de carácter progresista en el Ejército. En abril de 1967 tuvo lugar el llamado «golpe militar de los coroneles», dirigidos por Andreas Papadopoulos, a quien Papandreu había apartado del Estado Mayor del Ejército, por motivos corporativos al no aceptar que los militares dependieran del Ministerio de Defensa. En diciembre se produce un contragolpe militar promonárquico que fracasa, obligando a Constantino a exiliarse. Papadopoulos es nombrado presidente de la República pero en noviembre de 1973 otro golpe militar sustituyó al Gobierno de la República de los coroneles y acentuó la represión contra los sectores de izquierda que tenían partidos débiles. Los comunistas estaban divididos entre eurocomunistas, que habían condenado la invasión de Checoslovaquia, y los ortodoxos, seguidores de las consignas de la URSS. El hijo de Giorgios Papandreu, Andreas, formaba el ala izquierda del partido de la Unión del Centro. Había sido profesor en la Universidad de Berkeley en los años 50 del siglo XX y regresó a Grecia en 1961. A partir de 1973 constituyó el PASOK, con la unidad de distintos grupos socialistas, que no se denominaba «partido» sino «movimiento» (*Kinima,* en griego) con un programa más radical que los partidos socialistas de los países del oeste de Europa. Ambos, comunistas y socialistas, eran contrarios a la OTAN y profundamente antiamericanos.

El monárquico Constantin Karamanlis regresó del exilio, consiguió que los militares abandonaran el poder con el respaldo de la presión internacional, restableció la Constitución de 1952 y proclamó una amnistía para los presos políticos. Constituyó un nuevo partido conservador, Nueva Democracia, que en las elecciones generales de noviembre de 1974 consiguió la mayoría. Y en el referéndum del 8 de diciembre de 1974 los griegos optaron por un Estado republicano. Karamanlis convocó elecciones anticipadas en 1977. El Partido Socialista Griego (PASOK) obtuvo unos buenos resultados. Karamanlis pasó a ocupar la presidencia de la República y Georgio Rallis, de Nueva Democracia, fue nombrado primer ministro. En 1980, Grecia se reincorporó a la OTAN y en 1981 entró en la Comunidad Económica Europea.

En las elecciones de 1981 el PASOK consiguió la mayoría absoluta en el Parlamento y Andreas Papandreu (hijo del anterior primer ministro) se convirtió en jefe del Gobierno de la República. En 1985, Christos Sartztakis, del PASOK, sustituyó en la presidencia a Karamanlis, y Papandreu continuó como primer ministro hasta 1988, año en que se vio obligado a dimitir cuando el Tribunal Supremo le acusó de estar implicado en un escándalo financiero, aunque posteriormente sería absuelto de todos los cargos. El PASOK perdió apoyo electoral y en 1990 el nuevo líder de Nueva Democracia, Constantine Mitsotakis, obtuvo los apoyos parlamentarios suficientes para formar Gobierno, al tiempo que Karamanlis accedía de nuevo a la presidencia de la

República. Las dificultades económicas por las que atravesó el país a partir de 1992 propiciaron que los socialistas volvieran al poder, con Papandreu como jefe de Gobierno y Costis Stephanopoulos, un disidente de la Nueva Democracia, ocupó la presidencia. Papandreu falleció en junio de 1996 y fue sustituido por el socialista Costas Simitis, quien mantuvo la mayoría absoluta en las elecciones de septiembre de 1996 y de 2000.

La revolución de los claveles

Portugal tuvo un convulso tránsito de la dictadura a la democracia. El llamado «Estado Nuovo» o «Estado corporativo autoritario» se había mantenido desde que Antonio de Oliveira Salazar se hizo cargo de la presidencia de la República en 1932. El régimen podía asimilarse a los fascismos europeos de los años 20 y 30 del siglo XX. Tenía un marcado antisocialismo y anticomunismo, con una policía política, la PIDE, que en su tiempo fue entrenada por la Gestapo alemana.

Portugal, tradicionalmente aliada de Gran Bretaña, permaneció neutral durante la II Guerra Mundial aunque cedió las Azores como base aliada. No vivió totalmente marginada de las instituciones europeas en la posguerra y en 1959 fue admitida en la OTAN a fin de mantener la hegemonía occidental en la zona durante la Guerra Fría. Era un país predominantemente agrícola pero Salazar rechazó el Plan Marshall, lo que hubiera significado un empuje a su desarrollo. En 1961 las colonias africanas de Angola y Mozambique se rebelaron contra la metrópoli exigiendo la independencia, antesala de una lucha larga con unos costes humanos y económicos difíciles para una sociedad cuyas clases menos favorecidas se

La Revolución de los Claveles fue el levantamiento militar de los oficiales que provocaron la caída de la dictadura salazarista de Portugal.

veían en la necesidad de emigrar. Las remesas que enviaban los portugueses que salieron del país desde Alemania, Francia, Suiza o Gran Bretaña, junto a la expansión del turismo, dieron un respiro a la balanza de pagos para que pudiese soportar una guerra a miles de kilómetros en la que contó con la ayuda de Estados Unidos para evitar que ambas colonias africanas cayeran en la órbita soviética. A partir de 1968, ante el deterioro físico de Salazar por un ataque de apoplejía, se hizo cargo del poder Marcelo Caetano, que tuvo que contener la presión, cada vez mayor, de los sectores sociales que deseaban una democracia y el fin de la guerra colonial. La situación se hacía insostenible en los primeros años 70 del siglo XX.

Fue el Ejército el que protagonizó la llamada «revolución de los claveles» el 25 de abril de 1974. Las tropas, mandadas por oficiales jóvenes mal pagados y expuestos a una guerra colonial en la que no creían, se echaron a las calles al transmitir la radio la canción *Grandola Vila Morena,* utilizada como consigna del levantamiento. Los oficiales de los cuarteles de las principales ciudades portuguesas se alzaron para derrocar al régimen y las gentes en las calles colocaban claveles en los fusiles de los soldados. Había habido un antecedente en 1959 cuando el capitán Varela Gomes, de filiación comunista, asaltó el cuartel de Beja pero fracasó ante unas fuerzas represivas bien pertrechadas y una oposición, comunista y socialista, con escaso poder de convocatoria.

Con el triunfo del 25 de abril, que se había ido fraguando desde el Movimiento de Fuerzas Armadas (MFA), se estableció una Junta de Salvación Nacional en la que destacaban los generales moderados Antonio Spínola y Francisco da Costa Gomes. Políticos socialistas como Mario Soares o comunistas como Alvaro Cunhal volverán del exilio después de decretarse una amnistía y suprimirse la policía política. Las colonias alcanzarán su independencia entre 1974 y 1977.

Un Gobierno provisional, encargado de la gestión, y presidido por el general Mario Firmio Miguel, que mantenía simpatías con el PC portugués, integró a todas las fuerzas políticas, pero tendría dificultades para encauzar el proceso de normalización política ante los enfrentamientos entre la izquierda y la derecha, y en especial con el general Spínola que representaba la opción más conservadora. Mario Soares fue ministro de Exteriores y Cunyal, ministro de Estado, apoyará a los radicales del MFA, liderados por el comandante Otelo Saraiva de Carvalho, que pretendían una democracia popular. El PC portugués sería criticado a causa de ello por sus homólogos italianos y españoles, defensores del eurocomunismo. Posteriormente, Saraiva de Carvalho acabaría desmarcándose del PC, acusándolo de dirigismo. Las elecciones del 25 de abril de 1975 dieron escaños al Partido Socialista, al Partido Popular Democrático (PPD) y, en menor grado, al PC y al recién formado Partido Centro Democrático Socialdemócrata (PCDS), que iría adquiriendo cada vez más fuerza social como opción de centro derecha. La Asamblea Constituyente inició sus trabajos en un clima de enfrentamientos sociales y políticos.

El Partido Socialista abandonó el Gobierno, junto con el PPD, ante el cada vez mayor control del Movimiento de las Fuerzas Armadas. A fin de controlar el devenir de la revolución e impedir el triunfo de la derecha —donde ubica al Partido Socialista acusándole de colaboracionista con la contrarrevolución— se constituyó, a finales de julio, un triunvirato compuesto por los milita-

res Francisco da Costa Gomes, Vasco Goçalves y Otelo
Saraiva, quien manifestó que le hubiera gustado convertirse en el Fidel Castro de Portugal.

Las intentonas golpistas de derechas y de izquierdas
no cesaron. El 28 de septiembre de 1974 Spínola intentó,
sin éxito, un golpe en el que apelaba a la mayoría silen-
ciosa, para evitar que el proceso político se decantara
hacia la izquierda radical. Tras unos meses refugiado en
la España de Franco, el 11 de marzo de 1975 volvería in-
fructuosamente a intentarlo. Se disolvió la Junta de Salvación Nacional, sustituida por un Consejo Supremo
Revolucionario, pero se evidenció que las Fuerzas Armadas no estaban unidas, con diversas posiciones ideológicas en ellas. Los soldados disparaban contra sus propios
compañeros, y obreros y campesinos se unieron en distintas revueltas. Se sucedían las protestas y los altercados
y hubo un momento que se pensó que podía estallar una
guerra civil. El escritor portugués José Saramago, años
después Premio Nobel de Literatura, describió en su novela, *Levantando da Chao,* la ocupación de tierras por
los campesinos. Se ocuparon más de un millón de hectáreas durante 1975 y se introdujo la sanidad pública, con
la nacionalización de los hospitales, y en Lisboa y Oporto
muchos jóvenes ocuparon casas vacías. De igual modo,
más de setecientas empresas entraron en régimen de autogestión, y se disminuyó la jornada laboral. No se conocía desde antes de la II Guerra Mundial un movimiento
social tan radical, aunque los procesos políticos que siguieron terminaron con estas medidas.

El 2 de abril de 1976 se aprobó una nueva Constitución, la sexta en la historia de Portugal. El 25 del
mismo mes se convocarán elecciones para elegir la
Asamblea Legislativa de la República, en contra de la

opinión de los comunistas. El Partido Socialista Portugués consiguió en 1976 el 38% de los votos, el Partido Comunista de Cunyal el 10%, y el resto fue para el centro derecha, con líderes como Francisco Sa Carneiro y Ramalho Eanes. La estabilidad política no se consiguió de inmediato. Ante la lucha entre los sectores de izquierdas, comunistas y socialistas se enfrentaron por las distintas estrategias que cada cual preconizaba para el futuro de Portugal, y las organizaciones de derechas, muy fraccionadas, radicalizarían las posiciones políticas.

Mario Soares sería el primer presidente después de las elecciones de 1976, pero las dificultades políticas y los enfrentamientos sociales propiciaron que en las de 1979 triunfara el centro-derecha, presidido por Sa Carneiro, y el general Ramalho Eanes se hiciera cargo de la presidencia. La alternancia política se consolidó y los comunistas, que tenían una organización fuerte y mejor articulada que otros partidos desde la clandestinidad, fueron perdiendo apoyo social. Los socialistas moderaron sus posiciones ideológicas y entraron en la dinámica de los demás partidos socialdemócratas europeos. El nuevo Partido de Centro Socialdemócrata portugués (PCSD), surgido después de la revolución con un programa de centro-derecha, con el tiempo se convirtió en mayoritario y curiosamente se autodenominó «socialdemócrata», sin tener ninguna vinculación con la Internacional Socialista, pero el término pudo atraer a votantes del PS. Cuatro años después de la revolución de los claveles una encuesta revelaba que el 39% estaba desencantado de todo el proceso político y consideraba que la situación había empeorado. La moderación fue instalándose en la vida portuguesa hasta lograr la entrada en la Comunidad Económica Europea en 1986.

JAVIER PANIAGUA

La transición política española

El proceso de transición política español es más
conocido y menos traumático que el griego y el portugués, hasta tal punto que se ha puesto como ejemplo y
se ha divulgado en muchos círculos académicos y políticos como un modelo a seguir en el paso de una dictadura —tras una guerra civil— a un régimen plenamente
democrático. Hoy, vistas las cosas con más perspectiva,
se discute el carácter modélico de la transición española,
que no estuvo exenta de dificultades de todo tipo, la más
penosa de las cuales fue sin duda el intento de golpe de
Estado del 23 de febrero de 1981.

Después de la muerte del general Francisco Franco,
acaecida el 20 de noviembre de 1975, un grupo de políticos salidos del propio franquismo, cuya figura estelar
fue Adolfo Suárez, político hecho a sí mismo en las estructuras franquistas y presidente del Gobierno avalado
por el rey Juan Carlos en 1976 pretendieron homologar
las estructuras políticas con los regímenes parlamentarios
que predominaban en la Europa occidental. Estaban dispuestos a pactar las condiciones de un nuevo Estado, con
la integración de una oposición, derrotada en la Guerra
Civil de 1936-1939, que en ningún momento había sido
reconocida por el franquismo. Suarez creó desde el poder
la Unión de Centro Democrático (UCD), con una mayoría de jóvenes que habían colaborado con Franco y algunos otros que estuvieron marginados por su dictadura.

Los militantes y dirigentes de partidos que habían
perdido la Guerra Civil vivían la mayoría en el exilio,
así como aquellos que habían realizado acciones anti-
franquistas y tuvieron la suerte de poder huir, terminada
la contienda. Otros desarrollaban su actividad en la clan-

destinidad y, en muchos casos, habían sufrido torturas en comisarías y largas penas de cárcel. Los comunistas del PCE, que a partir de 1959 construyeron las bases de una central sindical, Comisiones Obreras (CCOO), estructuraron una oposición antifranquista aprovechando todos los recursos e instituciones, y colaborando con sacerdotes católicos progresistas para fomentar la agitación social, a la vez que creaban células de obreros, intelectuales y estudiantes que sirvieron, en los años 60 del siglo pasado, para la agitación universitaria de unos jóvenes que, aunque no habían vivido la Guerra Civil, tenían el testimonio de sus padres.

Según la historiografía oficial del PCE, el año 1956 marca un antes y un después en su estrategia política. Abandonaron la lucha armada y propusieron, como ya hemos señalado, la reconciliación nacional de las «dos Españas» sin reclamar la vuelta de la legalidad de la II República, en un momento en que la economía española empezaba a integrarse en la europea. Entre 1956 y 1978, año este último de la aprobación de la nueva Constitución, el PCE celebró cuatro congresos y una serie de reuniones del Comité Central, controlado por Santiago Carrillo, que vio reconocido su trabajo cuando Suárez legalizó el PCE en contra de la opinión de muchos sectores del franquismo que estaban dispuestos a cambiar el régimen pero no admitían a los comunistas, a los que acusaban de ser, con el apoyo de la URSS, los primeros causantes del deterioro en España durante la Guerra Civil. Carrillo consiguió que las Juventudes Socialistas que dirigía se decantasen por el comunismo en la Guerra Civil. Se hizo con el control de la organización del PCE durante los largos años del franquismo, y tuvo el apoyo de la presidenta del partido, Dolores Ibárruri, la mítica

«Pasionaria» de los años de la II República quien regresará a España desde la URSS después de la ley de amnistía de 1977 y conseguirá un escaño en las primeras Cortes democráticas, presidiendo incluso la mesa de edad del Congreso de los Diputados en su primera sesión, como también lo hará el poeta comunista Rafael Alberti.

Pero el PCE también tuvo escisiones: en el contexto del conflicto chino-soviético que propició los partidos comunistas marxistas-leninistas, de raíz maoísta, u otros grupos con planteamientos de lucha armada al estilo de las Brigadas Rojas de Italia, o, ya en España, el FRAP (Frente Revolucionario Antifascista y Patriota), o los GRAPO. A estos grupos habría que añadir la organización terrorista vasca ETA, que pretenderá la independencia del País Vasco, con un discurso marxista-leninista, y que desarrolló una fuerte actividad durante la transición e incluso posteriormente. En algunos casos, Carrillo utilizó como táctica política a algún destacado militante comunista para convertirlo en mártir de la lucha contra el franquismo. Así ocurrió con Julián Grimau, según la versión de Jorge Semprún, al que el PCE ordenó viajar a España. Descubierto, fue detenido y torturado por la Brigada Político Social. Estaba acusado por el régimen franquista de actividades represivas, e incluso de torturas, durante la Guerra Civil, contra los partidarios de la sublevación de 1936 que, según la legislación vigente, no habían prescrito. Sentenciado a muerte por un tribunal militar fue ejecutado el 20 de abril de 1963. El caso adquirió una dimensión internacional, con protestas en la mayor parte de los países democráticos del mundo y del mismísimo papa Pablo VI, y supuso un gran descrédito para el franquismo.

El Partido Comunista de España se fundó en 1921 con
los defensores de la vía revolucionaria de los bolcheviques
que militaban en el PSOE, pero apenas tuvo fuerza hasta
la Guerra Civil.

Otros sectores cuestionaron al franquismo, como el nacionalismo vasco y el catalán, que contaban con tradiciones políticas desde el siglo XIX. También surgieron en la década de 1960 diversos grupos socialistas vinculados, en su mayor parte, a sectores universitarios u obreros cualificados que acabarían integrados en el PSOE. Uno de sus principales representantes fue Felipe González, que estudiaría Derecho en Sevilla y tendría como profesor a un antiguo ministro moderado de la Confederación Española de Derechas Autónomas (CEDA) durante la II República, Manuel Giménez Fernández, catedrático de Derecho Canónico. El PSOE no tuvo una presencia muy activa durante el franquismo y su aparato político estuvo repartido entre México y la ciudad francesa de Toulouse, formado por antiguos militantes que participaron en la Guerra Civil. Algunos fueron marginados y expulsados del PSOE, como el que fuera presidente del Gobierno de la República durante parte de la Guerra Civil, Juan Negrín, acusado de ponerse en manos de los comunistas durante el conflicto armado.

Conviene no perder de vista que a los partidos socialistas o socialdemócratas les resultaba difícil desarrollar una actividad importante en la clandestinidad pues no tenían una estructura tan jerarquizada como los comunistas ni tampoco practicaban lo que estos no habían tenido reparo en proclamar: «el sacrificio de las generaciones» practicado por Stalin con los campesinos y otros sectores de la URSS. Existieron, no obstante, grupos clandestinos en el interior que sufrieron también la represión, como Ramón Rubial o Agustín Soriano, pero no consiguieron articular movimientos sociales como hizo el PCE, convencido de que sería el partido mayoritario de la oposición cuando se recuperara la democracia, como ocurría en Italia con el PCI.

Uno de los acontecimientos de mayor relieve de la transición desde la perspectiva socialista fue el protocolo que firmó en 1978 el nuevo secretario general del PSOE con los distintos grupos socialistas catalanes. Felipe González, después del Congreso de Suresnes que, como vimos, en 1974 le elevó como principal dirigente, relegando a la vieja guardia proveniente de la guerra civil que controlaba el partido desde Toulouse. Contribuiría a la formación del *Partit dels Socialistes Catalans* (PSC) después de que los diferentes partidos socialistas, de carácter nacionalista, se unificaran con la Federación del PSOE que basaba su fuerza, sobre todo, en los trabajadores metropolitanos de Barcelona, la mayoría de origen inmigrante de otras zonas españolas, pero con poco arraigo en toda Cataluña. En una primera etapa, tuvo portavoz propio en las Cortes españolas hasta que se unificó como grupo socialista único y pasó a formar parte de la estructura del PSOE manteniendo un estatus especial.

El PSOE, en un Congreso extraordinario en septiembre de 1979, abandonaría el marxismo como única forma de interpretación de los procesos sociales, después de una áspera polémica entre los distintos sectores del socialismo español en el XXVIII Congreso de 1978. En 1982, el PSOE conseguiría 202 diputados, la mayoría absoluta en las Cortes españolas, y gobernaría igualmente, aunque con menos diputados, en las sucesivas convocatorias de 1986 y 1989. En 1993 perdió la mayoría absoluta pero pudo gobernar por acuerdos parlamentarios con los nacionalistas catalanes y vascos hasta 1996. En 1986, España, gobernada por González, se incorporaría con pleno derecho a la CE. Los sectores conservadores consiguieron aglutinarse en torno al PP (Partido Popular) en 1992 y ganar en las elecciones en 1996, y por mayoría absoluta en el 2000. Pero en 2004 y en 2007 volverían a gobernar los socialistas al obtener mayoría en el Congreso de los Diputados.

Los socialistas consiguieron marginar al PCE, que perdió apoyo social y tuvo menos porcentaje de votos que sus homólogos portugueses y griegos. Carrillo fue descalificado por miembros del sector eurocomunista, que lo consideraban un autoritario. De hecho, en el X Congreso del PCE, en 1981, Carrillo expulsó a varios de ellos entre los que estaban el veterano Manuel Azcárate, que se encargaba de las relaciones exteriores del partido. Y tampoco contó con el respaldo de los ortodoxos prosoviéticos que no estaban de acuerdo con la eliminación del leninismo como seña de identidad comunista, y solo había dejado el marxismo en el IX Congreso en 1978. Pero la derrota de 1982 acabó definitivamente con su liderazgo. Intentó mantener su influencia a través de un joven dirigente asturiano, Gerardo Iglesias, pero este se unió a los renovadores que fundarían Izquierda Unida en 1986, mientras Carrillo volvía al PSOE en 1991.

La crisis del comunismo real. De la perestroika a la caída del muro de Berlín, y el efecto dominó en las repúblicas democráticas del Este de Europa

Regresemos a la tenida por patria del socialismo y del comunismo, la URSS. En 1964 fue cesado Nikita Kruschev ante el fracaso económico de los planes quinquenales y la intranquilidad de cierta parte de las fuerzas armadas, que consideraban que había practicado una política de distensión favorecedora de los intereses de las potencias occidentales. No sufrió un proceso judicial pero le restringieron las salidas de su casa y se le prohibió hacer declaraciones. Vivió tranquilo hasta su muerte, en septiembre de 1971, algo que resultaba inédito en la Unión Soviética cuando un dirigente era cesado en épocas anteriores.

Durante los años de consolidación de la URSS se había formado lo que el periodista ruso exiliado, Michael Voslensky, denominó «Nomenclatura», es decir, el conjunto de los dirigentes que trataban de perpetuarse en la dirección del partido y hacer de ello su medio de vida, en esa combinación siempre difícil de diferenciar entre el PCUS y el Estado. Era un grupo de privilegiados, que ya señalara el disidente yugoslavo, Mijail Mijailov, en 1956, en su libro *La nueva clase,* porque gozaba de un estatus que a la mayoría de la población le era difícil alcanzar. Era en realidad una dictadura «sobre el proletariado», como los partidos trotskistas propagaban.

A Kruschev le sustituyó el presidente de la URSS, Alexis Nikolaievich Kosiguin, como primer ministro, quien formaría un poder colegiado con Nikolai Podgorny, presidente del Soviet Supremo y Leonid Brezhnev, ascendido a secretario general en 1966. Este último acabaría controlando en solitario el poder ante la deteriorada salud de Kosiguin, que moriría en diciembre de 1981. Otros personajes alcanzaron puestos relevantes como el ministro de Asuntos Exteriores Andrei Gromiko y Yuri Andropov, jefe de la KGB desde 1967. No hubo una vuelta atrás y apenas se mencionó a Stalin. El PCUS en su conjunto fue convertido en el eje de todos los triunfos de la URSS, disminuyendo el personalismo de los dirigentes.

Kosiguin intentó reconducir la economía dando a las fábricas una mayor autonomía para cumplir los planes de producción, y su eficacia sería medida no por la capacidad de producir más bienes sino por la de venderlos, y adecuar el sistema de precios a la realidad de la demanda, lo que ocasionó la protesta de una gran parte de la burocracia del partido y la reacción contraria de los militares, que vieron sus privilegios discutidos, además de las rutinas administrativas que en muchos casos provocaban una corrupción generalizada en los mandos intermedios. Y en cuanto a la política exterior, se procuró mantener la distensión con los países occidentales desarrollados, abandonando la idea de exportar la revolución. Con todo, la URSS apoyó a los movimientos comunistas que estallaban en el Tercer Mundo, Vietnam, Laos y Camboya, de igual manera que se alineó con los países árabes frente a Israel. No pudieron los dirigentes soviéticos, sin embargo, llegar a un acuerdo con los comunistas chinos, y las repúblicas populares del este europeo empezaban a manifestar su independencia respecto de las directrices del PCUS y a practicar su propia política económica, combinando, como se intentó en Hungría en 1956, la planificación estatal con mecanismos de mercado. Surgieron propuestas de reforma que iban más allá de lo que podía asimilar la URSS, como en Polonia, convulsionada por las demandas del sindicato no legal *Solidarinosc,* dirigido por Lech Walesa, quien se convirtió en un mito de la resistencia polaca contra el sistema comunista.

Otro caso fue el de Checoslovaquia, al que hemos aludido en el anterior capítulo, que padeció las depuraciones estalinianas y, en especial, aquellos eslovacos que reclamaron una federación para el Estado. La crisis económica checa se había acentuado a partir de 1962 en un país que tenía un desarrollo industrial alto antes de la I Guerra Mundial, y que había decaído con la administración centralista comunista porque a la URSS no le interesaba que se desarrollara una industria competitiva en el espacio controlado por ella. La crisis política de 1968 se fraguó cuando Alexander Dubcek se enfrentó a la línea prosoviética de Antonín Novotny, muy vinculado a la etapa de Kruschev, y logró que abandonara el cargo de primer secretario, aunque siguió siendo presidente de la República Checa.

El nuevo dirigente comenzó una etapa acelerada con reformas económicas que daban más juego al mercado, pero los partidarios de Novotny todavía tenían representación en puestos clave del partido y comenzaron a enfrentarse a Dubcek y su equipo. Novotny dimitió de la presidencia y fue sustituido por el general Ludvik Svoboda, aceptado por Moscú. Los dirigentes del bloque soviético, encuadrados en el Pacto de Varsovia, criticaron la deriva de los nuevos líderes checoslovacos y advirtieron de la información antisocialista que difundía la prensa del país. Los partidos comunistas occidentales defendieron las reformas de los checos y eslovacos, y Svoboda avaló ante Breznev la postura de Dubcek. Las tropas del Pacto de Varsovia, dirigidas por la Unión Soviética, pero sin el apoyo de Rumanía, invadieron el país y los tanques ocuparon en las principales ciudades junto a un total de 250 000 soldados húngaros, polacos, búlgaros, alemanes de la RDA y sobre todo soviéticos. Poco a poco los reformadores fueron apartados de la dirección de PCCh y muchos militantes fueron expulsados del partido. Era el fin de la afamada primavera de Praga. Se im-

El comunismo se derrumbó con el muro de Berlín,
se disolvió junto con la Unión Soviética y pareció haber
terminado su parábola histórica.

puso una censura severa y Breznev desarrolló su tesis de
soberanía limitada para los países que controlaban los
dos bloques en que quedó dividido el mundo después de
la II Guerra Mundial, con la preponderancia estadounidense en el lado de economía de libre comercio y con
los países de las llamadas «repúblicas democráticas» del
este de Europa controlados por la URSS.

Durante los dieciocho años que gobernó Breznev,
la URSS padeció un estancamiento económico y social
que se hizo más evidente para los soviéticos cuando las
nuevas tecnologías les permitieron conocer mejor las
formas de vida del mundo desarrollado, su música, su
cine o las modas juveniles. Las industrias de consumo
no tenían un papel preponderante en la estrategia de planificación económica, y sus productos eran muy defi-
cientes para competir en un mercado cada vez más

internacionalizado. La mayor inversión se destinó al armamento militar. La corrupción se generalizó entre los miembros del PCUS que tenían el monopolio del poder. La propia familia de Breznev obtuvo privilegios económicos y sociales que en otros países con libertad de expresión hubieran sido aireados en los medios de comunicación. Una máxima difundida entre los trabajadores del imperio soviético refleja bien el descrédito al que había llegado el régimen: «Ellos hacen ver que nos pagan, nosotros hacemos ver que trabajamos».

Breznev tuvo como objetivo de su Gobierno mantener la seguridad de su territorio. Para ello los Estados fronterizos debían ser sus aliados y por eso quiso controlar el Afganistán de los rebeldes radicales islamistas, en un contexto internacional en que Pakistán era aliado de Estados Unidos, en Irán se había producido una revolución islámica que no encajaba con el sistema soviético y China llevaba su propio camino cada vez más alejada del sistema soviético. Dispuso la invasión militar cuando el régimen afgano, aliado tradicional, empezaba a perder influencia y entraba en un periodo de descomposición donde se sucedían los golpes de Estado. Comenzó una guerra civil (1978-1992) que la URSS no pudo controlar al intentar apuntalar al Gobierno prosoviético de Kabul. Fue una guerra de desgaste, a la que contribuyó Estados Unidos apoyando a los disidentes rebeldes radicales islamistas parecida a lo que Vietnam supuso para los estadounidenses.

Era una época en la que el comunismo aumentaba su heterogeneidad mundial. Junto a las disidencias china y yugoslava, apareció la de Camboya. Con la caída del régimen de Lon-Nol, de tendencia pronorteamericana, se proclamó un Nuevo Estado de Kampuchea bajo el mando del secretario del Partido Comunista, Pol Pot, que impuso un régimen de terror donde pretendía la abolición del dinero y la obligación, desde la infancia, de trabajar en la construcción de canales para la producción de arroz. Desde 1976 a 1978 la represión de los llamados «Jémeres Rojos», protegidos por China, se hizo cada vez más intensa. Vietnam y la Unión Soviética intervinieron. Los vietnamitas invadieron el país y provocaron su división hasta que, en 1985, se llegó a un acuerdo por el que se retiraron las tropas del Vietnam y el régimen de Pol Not desapareció dejando una estela de millones de muertos.

GORBACHOV Y LA PERESTROIKA

Breznev murió el 10 de noviembre de 1982 y le sucedió el jefe de la KGB, Yuri Andropov, miembro de la Nomenclatura, que mantuvo los equilibrios internos tras mostrar una amplia trayectoria en el PCUS. La represión interna contra los movimientos nacionalistas o contra los intelectuales disidentes continuó: en 1983 Amnistía Internacional denunciaba más de doscientos casos de perseguidos políticos, recluidos en psiquiátricos. Pero Andropov no pudo desarrollar sus proyectos de reforma pues su mandato apenas duró un año y algunos meses, al morir el 9 de febrero de 1984. Le sucedió Konstantin Chernenko, de 72 años, representante de los dirigentes comunistas de la época de Stalin que continuaron durante el mandato de Breznev. Falleció el 10 de marzo de 1985 gracias a su salud precaria. Fue entonces cuando accedió al cargo Mijaíl Gorbachov, a los 55 años, que inició la lucha contra la corrupción administrativa y puso en marcha un plan de reformas tan ambicioso que no lo pudieron soportar las estructuras políticas y económicas de la URSS. Gorbachov, miembro de una familia campesina rusa del Cáucaso, había estudiado Derecho cn Moscú, entró en el Soviet Supremo de la URSS en 1971 y fue ascendiendo en la estructura del PCUS, apoyado por Andropov.

Le tocó, además, afrontar la crisis de Chernóbil en Ucrania, el accidente nuclear más grave que acabó con la vida de miles de personas. Sus reformas fueron llamadas *uskoréniye* (aceleración), pero después los términos *glasnost* (apertura) y *perestroika* (reconstrucción), se hicieron más populares. La perestroika y sus reformas radicales fueron enunciadas en el XXVII Congreso del Partido, entre febrero y marzo de 1986. Muchos encontraron el ritmo de la reforma demasiado lento, atribuido por varios historiadores al bloqueo de los conservadores al proceso de cambio y al distanciamiento de la élite soviética de los «Nuevos Pensadores», escritores, ensayistas y filósofos neomarxistas, marginados y, en algunos casos, perseguidos por los dirigentes de la URSS.

En enero de 1987 el Comité Central del Partido Comunista de la Unión Soviética (PCUS) vería la cristalización de las reformas políticas de Gorbachov, incluidas las propuestas de varios candidatos para las elecciones, el nombramiento de personas externas al partido en cargos del Gobierno y la crítica al estancamiento durante la época de Breznev, como hiciera Kruschev con Stalin. Se aceptó la reforma económica de las empresas, la libertad de producir para un mercado que debía liberalizarse, el estímulo de la iniciativa privada, así como el desmantelamiento de las grandes colectivizaciones agrarias repartiendo la tierra en régimen de cooperativas o arrendamientos. Fue una decisión personal de Gorbachov y su equipo de economistas para intentar superar el colapso en que había entrado la economía soviética.

En 1988, en Ginebra, Gorbachov llegó a un acuerdo con el presidente de Estados Unidos, Ronald Reagan, para reducir el armamento nuclear y para llevar a cabo la retirada de las tropas soviéticas de Afganistán. En ese mismo año la Conferencia del PCUS dio el paso definitivo: se admitía toda clase de críticas, con absoluta libertad, y se descentralizaba el poder en los Consejos de las diferentes Repúblicas. Para algunos militantes aquello significaba el definitivo abandono de los ideales comunistas y una claudicación ante el imperialismo estadounidense, mientras que para otros representaba el único camino posible para salvar el socialismo. 1989 estuvo dominado por las cuestiones internas: se convocó un Congreso de los Diputados Populares, constituido por 2 250 miembros —1 500 designados mediante elecciones libres y voto secreto y el resto nombrados por el partido— que elegiría un Consejo Supremo y el Soviet Supremo, con quinientos representantes. Esto suponía un paso decisivo hacia una democracia con libertad de posiciones políticas. En la reunión se produjeron acuerdos que refrendaban el pluralismo socialista, lo que supuso el final del monopolio político del PCUS y la independencia real de muchas repúblicas que reivindicaron su identidad propia distinta de la rusa, especialmente en el caso de Estonia, Letonia y Lituania, y en las zonas del Cáucaso.

Pero, por su parte, las reformas económicas no dieron los resultados deseados, al tiempo que los regímenes del Bloque del este se desmoronaban ante la incitación de Gorbachov a que realizaran una política independiente. El símbolo de todo ello fue la caída del muro de Berlín el 9 de noviembre de 1989, que representaba la

Gorbachov consideró que la crisis del país solo se superaría con reformas profundas, aspiración que compartían los sectores más instruidos de la sociedad, pero la presión de EEUU con Reagan como presidente, que aceleró el programa de armamento nuclear, colapsó la economía soviética.

división del mundo en dos bloques y donde habían muerto más de 5 000 alemanes de la República Democrática Alemana desde su construcción al intentar pasar a la República Federal Alemana. Ni historiadores, ni economistas, ni sociólogos habían predicho que el comunismo real acabaría en tan poco tiempo.

En marzo de 1991 se convocó un referéndum en la Unión Soviética y el 78% de los votantes optó por el «sí» a la continuidad de la Unión Soviética, pese al crecimiento de los movimientos nacionalistas e independentistas. Pero ese mismo año, en noviembre, el Tratado de Belovezhie disolvía la URSS, al separarse Ucrania, Rusia y Bielorrusia en noviembre, que después constituyeron la Confederación de Estados Independientes (CEI) a la que se incorporaron, posteriormente, ocho repúblicas más.

En agosto de 1991 se produjo un intento de golpe de Estado militar y civil de tendencia involucionista en el que intervinieron sectores de altos funcionarios del PCUS y algunos miembros del mismo Gobierno con el objetivo de destituir a Gorbachov y volver de nuevo a la antigua política soviética. Este intento fracasó por la acción del presidente de la Federación Rusa, Boris Yeltsin, quien después decidió ilegalizar el PCUS y reconoció la independencia de las repúblicas bálticas. El 25 de diciembre de 1991 desaparecía oficialmente la URSS. Ante la negativa de los presidentes de las repúblicas de la Confederación de Estados Independientes (CEI) de reconocer la facultad de tomar decisiones por los órganos de un poder central, Gorbachov, cada vez más debilitado políticamente, dejó su cargo de secretario general del PCUS, disolvió el Comité Central y optó por dimitir de su cargo de presidente. Se retiró definitivamente de la política en 1996 al no obtener el respaldo electoral suficiente para convertirse en presidente de la Federación Rusa.

Sin embargo, el comienzo de la caída del comunismo había empezado, en realidad, ya antes en Polonia que, como sabemos, ya había mostrado síntomas de resistencia a las imposiciones de la URSS y a las reglas del partido comunista polaco, que no sabía cómo salir de la cada vez más profunda crisis social y económica. En los meses de julio y agosto de 1980 las huelgas se extendieron por todo el país promovidas por el sindicato Solidarinosc, una plataforma sindical apoyada por la Iglesia católica, que exigió el reconocimiento de los sindicatos libres, el derecho de huelga y la libertad de expresión. Al final, en una decisión sin precedentes, se llegó al acuerdo de Gdansk el 30 de agosto de 1981, con el reconocimiento del derecho de huelga y la libertad sindical a cambio de admitir el papel dirigente del partido comunista en el Estado, que en Polonia recibía el nombre de «Partido Obrero Unificado». Sin embargo, Solidarinosc no cesó en sus críticas al régimen y propuso la autogestión de las empresas, así como la elección de los dirigentes políticos mediante elecciones libres. La URSS, entonces gobernada aun por Breznev, vio con preocupación la situación polaca y el jefe del Ejército de Polonia, Wojciech Jaruzelski, proclamó el estado de guerra y constituyó una Junta de Salvación Nacional, en un acto que él mismo justificaría años después diciendo que así evitó que las tropas del Pacto de Varsovia entraran en Polonia como lo habían hecho en Checoslovaquia en 1968. Más tarde, ya con Gorbachov en el poder, se inició una nueva etapa y en 1989 se legalizó el sindicato Solidarinosc y se convocaron elecciones generales para el mes de junio.

El sindicato dirigido por Lech Walesa obtuvo un éxito completo y comenzó una nueva etapa política reforzada con el nombramiento del cardenal polaco, Karol Wojtyla, como papa con el nombre de Juan Pablo II, quien ejercería una influencia decisiva desde el Vaticano, aunque indirecta, en los acontecimientos de Polonia y en la caída de los partidos comunistas de la Europa del este, sobre todo en aquellos países de tradición católica como Hungría, Croacia o Eslovenia. No en balde los servicios secretos de Bulgaria, país entonces dentro de la ortodoxia comunista, intentaron acabar con su vida en un atentado en la Plaza del Vaticano en 1981.

El socialismo en las sociedades de libre mercado: La redefinición ideológica de la socialdemocracia

Los partidos socialistas o socialdemócratas experimentaron una transformación profunda desde la II Guerra Mundial hasta la primera década del siglo XXI. En la Europa occidental han gobernado en distintas etapas —en algunos países como Suecia estuvieron más de cuarenta años en el poder—, o han formado parte de gobiernos de coalición. En cualquiera de las dos opciones tuvieron que ir modulando su discurso ideológico a medida que el desarrollo social y económico evolucionaba en el transcurso de los últimos setenta años. Los cambios tecnológicos, la aparición de las demandas ecológicas, la liberalización de la mujer, la transformación de la clase obrera, la relación con los sindicatos, una nueva militancia de profesionales, la globalización y la integración europea han calado en las posturas políticas de los socialistas. Muchos de estos partidos han sufrido escisiones y debates ideológicos sobre el papel del socialismo en una sociedad futura, especialmente cuando la crisis económica de los años 70 del siglo pasado y el neoliberalismo practicado por distintos Gobiernos ante la crisis del estado de bienestar condicionaron la respuesta que la socialdemocracia debía proporcionar a su militancia o sus votantes.

Mayo del 68

La revuelta francesa de mayo de 1968 se extendió a otros países como Estados Unidos y Alemania. En este último país ocurrió algo parecido a lo sucedido en Francia: una nueva generación que había vivido con cierta opulencia de finales de las décadas de 1950 y 1960 cuestionó el sistema capitalista y la forma de actuar de los partidos tradicionales de izquierdas —tanto comunistas como socialdemócratas— basadas principalmente en las aportaciones al marxismo que había hecho la Escuela de Frankfurt, representada por Marcuse, Adorno y Erich Fromm, así como parte de la acción y el pensamiento de tradición libertaria).

La protesta nació principalmente en las universidades francesas, alemanas y algunas norteamericanas, pero tuvo su mayor apoyo mediático la de Francia. Durante poco tiempo unió a obreros y estudiantes en Francia que proclamaron la huelga general, hubo ocupación de fábricas en un movimiento que se les escapaba a los dirigentes de izquierdas, tanto socialistas como comunistas, que no entendieron el malestar estudiantil y su extensión a otros sectores sociales y enlazaba, en parte, con consignas que podían asimilarse al movimiento libertario. Y aunque todo volvió a su cauce, con un reforzamiento de las opciones conservadoras, mayo del 68 evidenció que la izquierda clásica no tenía alternativas para las nuevas expectativas de unos jóvenes que habían vivido en el estado de bienestar. Discutían las bases consumistas de un capitalismo al que ya no se le planteaban masivamente alternativas de cambio radical, y también desechaban, por fracasado, el llamado «socialismo real» de la URSS y las Repúblicas del este de Europa.

Por su parte, en el resto de Europa y en Latinoamérica nacieron algunos grupos que practicaron la guerrilla urbana y el terrorismo con el objetivo de que resurgiese el movimiento revolucionario en una sociedad que consideraban alienada, sin diferencias sustanciales entre la izquierda y la derecha. Las Brigadas Rojas en Italia, Acción Directa en Francia, la Fracción del Ejército Rojo en Alemania, así como los Tupamaros en Uruguay, entre otros, representaron durante los años 70 del siglo xx la reacción contra lo que consideraban el acomodo de unos partidos de izquierdas sin capacidad de respuesta ante un sistema que mantenía la explotación de los trabajadores.

No obstante todo lo dicho, aunque tal vez en consonancia con ello, desde 1950 hasta principios de la década de 1970 la mayoría de los países europeos experimentaron un crecimiento económico hasta entonces desconocido, que permitió construir un estado de bienestar donde las prestaciones sociales como sanidad, educación, seguro de desempleo y jubilación estaban aseguradas y existía el pleno empleo. En la década de los 80 se puso en cuestión la continuidad de un Estado que pudiera sostener el gasto de todas las demandas sociales si no era a base de aumentar los impuestos. Fue entonces cuando los neoliberales reafirmaron su posición de que el mercado podía resolver, con mayor eficiencia, los problemas que el estado de bienestar no había solucionado. Defendían que las garantías que proporcionaban las instituciones estatales provocaban una falta de iniciativa individual, a la vez que se desincentivaba el trabajo y el ahorro, produciendo unos sectores parásitos que viven a costa de los presupuestos públicos, aumentan el déficit público y provocan la inflación. Denunciaban los neoliberales, y denuncian de hecho, además, una falta de productividad y una pérdida de la competitividad que se han hecho más evidentes a medida que la economía se ha mundializado, que se ha globalizado, y países emergentes han empezado a competir ofreciendo productos más baratos.

Los partidos socialdemócratas reaccionaron ante este análisis afirmando que el recorte de los servicios sociales no sirvió para mejorar la competitividad y el crecimiento económico, y lo único que logró fue aumentar las desigualdades sociales. Afirmaban que la aparición de una economía especulativa, de obtener beneficios en poco tiempo, o condicionar las políticas de los Estados para favorecer determinados intereses, también provoca la falta de iniciativa empresarial, desactivada ante un panorama en que la riqueza se alcanza mediante el oportunismo especulativo y no por un trabajo constante y una inversión en innovación y mejor educación. Sin embargo, cuando tuvieron que hacerse cargo de la política económica, aplicaron medidas similares a las de los conservadores: restricción de la deuda pública y el control de la inflación. Fue entonces cuando la vinculación con el sindicalismo, que los propios partidos socialdemócratas habían contribuido a crear, se rompió sin remedio. Los socialistas, al asumir responsabilidades de gobierno, tuvieron que frenar las peticiones sindicales de mejoras salariales, especialmente a partir de la crisis energética de 1973.

El caso más representativo del final de la época de la socialdemocracia fue el primer mandato de François Mitterrand. Llegó a la presidencia de Francia en 1981 con el apoyo de casi todos los grupos de izquierdas, liderados por un Partido Socialista que era, en realidad, un conglomerado de tendencias diversas que iban desde la defensa de la revolución socialista hasta las posiciones reformistas de los socialdemócratas. El programa de Mitterrand contemplaba la nacionalización de las grandes empresas, el control de las multinacionales, una política de impuestos que gravara las grandes fortunas, el reparto del trabajo, así como estimular la demanda interna para disminuir los índices de paro creciente, impulsar la inversión en las industrias públicas, conseguir la semana laboral de treinta y cinco horas, la reducción de la edad de jubilación, el aumento de las vacaciones, una mayor oferta de puestos en la Administración, junto a una descentralización que rompiera el tradicional centralismo del Estado francés. El objetivo era alcanzar una vía democrática al socialismo que superara tanto la colaboración socialdemócrata con el capitalismo como la rigidez de las repúblicas socialistas del este de Europa. El nombramiento de cuatro ministros comunistas propiciaba, además, el entendimiento con la principal central sindical controlada por el Partido Comunista Francés (PCF).

El programa de la izquierda francesa no tuvo en cuenta el contexto de una economía internacional que tenía ya un peso importante en las decisiones que los Gobiernos adoptaran, y su experimento terminó en un rotundo fracaso: los empresarios no estaban dispuestos a colaborar, la subida de los impuestos no constituía un estímulo para los profesionales de las clases medias, la introducción de las nuevas tecnologías necesariamente comportaba una reconversión de muchos puestos de trabajo, y tampoco contaron con la competencia de los países asiáticos emergentes. El Gobierno tuvo que dar marcha atrás restringiendo el gasto público y congelando los salarios, lo que implicaba un viraje de la política económica. Los socialistas franceses cambiaron su estrategia y sus planteamientos teóricos en el Congreso de Toulouse de octubre de 1985 y se distanciaron de los comunistas, que abandonaron el ejecutivo. Tanto el PSF como el PCF iniciaron su declive, perdiendo parte del apoyo social que tradicionalmente les votaba.

En Gran Bretaña, los laboristas habían padecido profundas divisiones entre un ala izquierdista, que mantenía los ideales del laborismo clásico, cuyos más destacados representantes generalmente estaban vinculados al estamento docente de las principales universidades británicas, contaban con el apoyo sindical y mantenían la expectativa de acabar algún día con el capitalismo; y unos sectores más moderados que aceptaban la sociedad de libre mercado, aunque con reformas, y apreciaban que el izquierdismo laborista comportaba estar permanentemente en la oposición en una sociedad como la británica. Su derrota electoral en 1977 les llevó a un replanteamiento completo de sus postulados teóricos y en el Congreso de Brighton de octubre de 1989 introdujeron modificaciones en el grado de representación de los sindicatos, según los reglamentos del partido, y en la futura política económica que los laboristas debían asumir.

Un nuevo líder, Tony Blair, proveniente de la clase media ilustrada, representó la esperanza de la recuperación electoral —después de más de una década de Gobiernos conservadores—, con el llamado «nuevo laborismo» y la propuesta de la «tercera vía», formulada teóricamente por el sociólogo británico Anthony Giddens, que suponía la derrota del izquierdismo. Blair, quien consiguió gobernar durante diez años (1997-2007), tenía una personalidad carismática y arrolladora y definió en el Congreso de Brighton las nuevas bases del laborismo:

> Nuestro enfoque no encaja ni en el *laissez-faire* ni en la intromisión estatal. La función del Gobierno es favorecer la estabilidad macroeconómica, desarrollar políticas fiscales y de bienestar que fomenten la independencia —no la dependencia—, dotar a los ciudadanos de los elementos necesarios

para poder trabajar, merced a una mejora de la educación y
de las infraestructuras, y apoyar a la empresa, especialmente
a las industrias del futuro, basadas en el conocimiento. Y nos
enorgullece el sabernos respaldados por los empresarios y
también por los sindicatos.

Se trataba de combinar los elementos de las políticas
de bienestar impulsadas por el Gobierno, pero no necesariamente gestionadas directamente por él, sino introdu-
ciendo la iniciativa privada en campos hasta entonces
acotados solo para la acción del Estado. La sanidad y la
educación, entre otros servicios, y el estímulo al ahorro
privado para compensar las pensiones de jubilación fueron
configurando una mezcla de competencia privada y apoyo
público en los servicios hasta entonces bajo el control del
Estado, huyendo de las políticas de nacionalizaciones tan
en boga después de la II Guerra Mundial.

El Estado debía actuar hasta un determinado límite,
sin impedir que la iniciativa privada interviniera también
en la gestión de los servicios públicos, siguiendo crite-
rios empresariales y proporcionando, tal vez, mayor eficiencia a los servicios que la ciudadanía recibía,
exclusivamente, de los funcionarios públicos. De alguna
manera, Blair no renunciaba al legado de Margaret That-
cher, su antecesora en el Gobierno, y en parte se limitó,
en muchos casos, a matizar el neoliberalismo a ultranza
de la primera ministra conservadora. Blair admitía muchas de las críticas que se habían formulado al estado de
bienestar y proponía un sistema mixto en el que la gestión de los servicios públicos, con hospitales y escuelas,
pasaban al control privado pero con la misión de dar un
servicio más eficaz que el del propio Estado o municipio
y con la obligación de dar cuenta de su gestión. Social-

democracia y liberalismo se imbricaban para salir del dogmatismo que había caracterizado a ambas ideologías. Y así, algunos se autodenominaron «socialistas liberales», rechazando la socialización de los medios de producción y la abolición de la propiedad privada.

Regresando a la realidad española, los Gobiernos de Felipe González practicaron, sin la formulación teórica y de marketing de los laboristas británicos, una política similar a lo que años después se conocería como «la tercera vía», avalada por algunos profesores universitarios especialistas en sociología y economía. Pero, en realidad, la renovación socialista había comenzado en el Congreso del SPD alemán en 1959, cuando el marxismo desapareció definitivamente como seña de identidad que había caracterizado, durante casi un siglo, el socialismo europeo.

CHINA: DE LA VÍA SOCIALISTA AL CAPITALISMO

Nadie había osado discutir con Mao desde la instauración del régimen comunista. Era el «Gran Timonel» y su figura alcanzaba la categoría de los héroes mitológicos. Sin embargo, los fracasos en política económica con los planes quinquenales para la industria pesada, la colectivización de las comunas agrarias y una cada vez mayor distancia entre los campesinos y los obreros industriales, produjeron en el seno del Partido Comunista Chino fuertes disensiones entre los que preconizaban reformas económicas moderadas, como Zhou Enlai, precursor de la China moderna, y pionero de la apertura de China con los países occidentales, frente a los radicales ortodoxos, que pretendían la socialización de los medios de producción para alcanzar, cuanto antes, el comunismo que la URSS no había sabido realizar. Fueron estos quienes, como vimos en el capítulo anterior, impulsaron la llamada «Revolución Cultural» que comportó un antioccidentalismo feroz para acabar con el aburguesamiento de la clase obrera.

En sus últimos años de vida —Mao moriría en 1976— se distanció de la «banda de los cuatro» y recuperó a Zhou Enlai, quien, al enfermar y morir en el mismo año de 1976, fue sustituido por Deng Xiaoping. Antiguos líderes marginados durante el periodo de radicalización, volvieron asumir responsabilidades políticas y Deng Xiaoping controló, poco a poco, los órganos de decisión política y propició un viraje radical de la economía china. ¿Cómo lo consiguió? Todavía hoy es un misterio debido al tradicional hermetismo de los dirigentes chinos. Nada sabemos con claridad sobre cómo se produjeron las luchas internas de poder en el seno del PCCh y de qué manera los moderados controlaron la situación. Se hizo responsable de los desmanes de la Revolución Cultural a un hombre que tuvo la confianza de Mao, y representaba al sector radical de las fuerzas armadas, Lin Biao, y que murió en un accidente aéreo. Tenemos limitados conocimientos sobre algunas figuras políticas del PCCh que, todavía en tiempos de Mao, habían reclamado tímidamente libertades políticas y de asociación. Sus propuestas se extenderían por varios campus universitarios y el 4 de junio de 1989 tuvo lugar la concentración en la gran plaza de Tiananmen de Pekín. El Ejército y la Policía dispersaron con fuego real a la población allí concentrada, en su mayoría jóvenes que reclamaban una mayor libertad y reivindicaban la figura del líder aperturista, Hu Yaobang, muerto el 15 de abril del mismo año y que había organizado manifestaciones por las libertades desde

1979. No se sabe exactamente el número de fallecidos pero, sin duda, fue una masacre que pudo llegar a los trescientos muertos y a los mil heridos.

En la China postmaoísta no hubo un Congreso como el XX del PCUS, donde Kruschev desmitificó la figura de Stalin y empezaron a conocerse las depuraciones estalinistas. Mao no fue en ningún momento discutido, a pesar del apoyo que proporcionó durante un tiempo a los radicales, la llamada «banda de los cuatro», en la que, como ya señalamos, participaba su esposa. Su figura quedó como un icono intocable que nadie podía discutir y en las escuelas todavía los libros de texto así lo destacan. De hecho, en el XXXIII Congreso del PCCh en 1987 los dos hombres fuertes del aparato político, Deng Xiaoping y Zhao Ziyang se limitaron a proponer reformas económicas, no sin la oposición de ciertos sectores del partido cuya cabeza más representativa era Li Peng.

Sin embargo, cuando acaecieron los acontecimientos de Tiananmen, Deng Xiaoping se mostró partidario de una represión dura, rechazando cualquier intento de ampliar libertades, mientras que Zhao Ziyang adopta una línea más moderada y prefiere el diálogo con los estudiantes, pero caerá en desgracia y la ley marcial se impondrá en todo el país y se difundirá una amplia campaña contra los agitadores agentes del capitalismo. Deng se convertiría en el hombre fuerte del régimen hasta su muerte en 1997 y propuso como sucesor en la dirección política a Jiang Zeming, que asumió la secretaría del partido, la presidencia de la República y la dirección de las Fuerzas Armadas. Mantuvo el hieratismo de las posiciones conservadoras, impidiendo incluso la libertad religiosa y reprimiendo etnias como las del Tíbet o los uigures, de religión musulmana y de etnia diferente a la predominante en el resto de China: la han.

En cambio, la economía china ha experimentado, en los últimos veinticinco años, uno de los mayores crecimientos del PIB, alrededor del 14%, convirtiéndose en una de las principales economías del mundo, al tiempo que ha servido como motor de la de otros países. Con más de 1200 millones de habitantes, ha contado con una mano de obra barata que trabajaba más de diez horas diarias. Ha liberalizado su producción industrial y, en parte, también la agrícola, abriendo su mercado al exterior con escasas normas proteccionistas, lo que ha posibilitado la inversión extranjera y un incremento de la competencia con los países desarrollados, expandiendo sus productos industriales a un precio más bajo, lo que ha provocado una distorsión en los mercados internacionales. Actualmente es el tercer país exportador del mundo, la sexta potencia comercial, el segundo consumidor de petróleo y el país con el mayor número de teléfonos móviles. Sin embargo, todo ello ha tenido efectos colaterales perniciosos que las autoridades chinas han intentado evitar, tal como la emigración del campo a los grandes centros urbanos donde se concentra el comercio y la industria. Las industrias estatales han entrado en declive mientras la iniciativa privada crece a un ritmo acelerado, con convenios con empresas extranjeras que han revolucionado los precios a la baja de muchos productos en los mercados internacionales.

Ha ocurrido lo contrario que en la India, donde existía una tradición democrática legada por el colonialismo británico, con representación en el Parlamento de socialistas y comunistas, pero ha mantenido unos índices de pobreza muy altos aunque también ha experimentado un despegue económico en los últimos años. Estos dos ejemplos incitan a debatir sobre si el crecimiento y desarrollo económico comporta invariablemente el pluralismo y la democracia.

Todavía hoy las autoridades chinas consideran que hicieron lo correcto con la represión de Tiananmen y que después de más de veinte años China ha recorrido un camino de éxitos económicos que han permitido que una población de más de 1200 millones alcance estándares de vida nunca hasta entonces conocidos, convirtiéndose en una potencia económica temida por su agresividad y competitividad en los mercados mundiales. Y además las preocupaciones de la juventud china se centran en encontrar un trabajo en las nuevas industrias o incluso desarrollar expectativas empresariales. Un sociólogo chino, Shi Guoliang, que trabaja en la Universidad de Pekín, y analiza el comportamiento de los jóvenes, concluye que hoy son más pragmáticos que la generación de 1989, que actuaba al calor de sentimientos más emocionales y sin apreciar los beneficios de la sociedad de consumo en que China se ha convertido. Si en 1989 el poder de compra de sus habitantes apenas alcanzaba los 750 dólares, en el 2009 llega a los 6379.

Conclusión

A la búsqueda de una alternativa socialista a la sociedad globalizada, ¿qué queda del socialismo marxista y no marxista en el siglo XXI?

Todavía hay dos países que se declaran abiertamente comunistas: Cuba y Corea del Norte, ambos con serias dificultades económicas y políticas. China, por su parte, mantiene la estructura de organización política estatal construida por el Partido Comunista Chino, pero su política económica va directamente, como hemos visto, lanzada a la conquista del libre mercado. Sus formas productivas han cambiado —en las grandes ciudades principalmente— la sociedad tradicional por una vida muy parecida a la de los países industrializados, aunque sin libertades políticas y de expresión. Solo las voces de algunos exiliados, antiguos dirigentes, como Bao Tong, son capaces de admitir que un Gobierno que no es responsable respecto a su propio pueblo no puede serlo ante el resto del mundo.

Del comunismo de los distintos pueblos que formaban la URSS y de las repúblicas del este de Europa que esta controlaba queda la nostalgia de unos pocos, junto al desencanto de una mayoría que ha perdido su fe en los grandes sistemas, o lo que algunos denominan los «metarrelatos», como lo era el marxismo que habían interpretado los bolcheviques e impregnó sus instituciones. Desde hace ya un tiempo intentan acomodarse, lentamente, a los parámetros de los países occidentales en el consumo, en la desigualdad de la riqueza y en la imitación de elecciones políticas, que no siempre son transparentes. Es como si Rusia y las nacionalidades de la antigua URSS estuvieran en un periodo de larga transición —unas más que otras— en el cual la Federación Rusa pretende mantener su hegemonía sobre aquellas, aunque en algunas ocasiones se interpongan culturas, especialmente en el Cáucaso, que han revitalizado sus raíces musulmanas, como es el caso de Chechenia. Si las cosas van por buen camino los rusos pondrán fin, en el futuro, a la dialéctica entre eslavismo y occidentalismo para integrarse como un país de cultura occidental que tiene sus raíces en el cristianismo y en la Ilustración. A la postre, el marxismo oficial, consolidado en 1917 y resquebrajado en 1989, ha servido para poner a los rusos en el paradigma occidental, porque Marx fue él mismo, en definitiva, hijo de la Ilustración.

Los países de la Europa del este intentan, después de la caída del muro de Berlín en 1989, sentirse parte de la Unión Europea. Sus estructuras políticas son todavía endebles por su escasa tradición democrática, sin opciones políticas bien diferenciadas que respondan a sectores sociales estructurados; pero, aun así, han entrado por un camino que, con dificultades, parece querer superar las diferencias entre el este y el oeste.

Otra cuestión es la de los partidos socialistas o socialdemócratas que nacieron con vocación internacionalista y, por lo general, partieron del marxismo como sistema de interpretación de la historia y de análisis del capitalismo. Ha dominado, en general, el vínculo nacional a sus Estados, como se demostró durante la primera de las guerras mundiales y se consolidó después de la segunda. Cada partido atendía a los problemas de su espacio electoral y trataba de expandir sus propuestas a muchos otros sectores de la sociedad. La clase obrera se ha desdibujado desde los tiempos de Marx, y el estado de bienestar alcanzado ha difuminado las alternativas a la sociedad de libre mercado. La pregunta «¿qué es una clase social?» forma parte del debate académico entre profesores que han profundizado en la obra de Marx, sin llegar a un acuerdo. Lo mismo ocurre con el concepto «alienación», según el cual los obreros estaban dominados no solo por las condiciones de trabajo sino también ideológicamente por los propietarios burgueses. Los proletarios perdían su conciencia de clase y por ello la labor de los dirigentes sindicalistas y socialistas consistía en aclararles su condición para que fueran agentes que contribuyesen al triunfo del socialismo.

En la actualidad, los programas socialistas se caracterizan por incidir en la retórica de la «profundización de la democracia», con más y mejor participación en los asuntos públicos, y por insistir en mantener las prestaciones sociales con el apoyo del Estado. Pero las diferencias en política económica respecto a otros grupos conservadores, o de centro derecha, son muy escasas por cuanto se parte de un mismo paradigma: la sociedad de libre mercado. Y aunque haya discrepancias entre los economistas y políticos sobre cómo ejecutar los presupuestos aprobados en los Parlamentos, se practican políticas similares aunque, en algunos casos, con matices importantes. En determinadas circunstancias, socialistas y democristianos o liberales han formado gobiernos de coalición, como en Italia en los años 50, 60 y 70 del siglo XX, o en Alemania y Holanda. Ningún partido socialista que esté en disposición de gobernar, o haya gobernado, defiende la socialización de los medios de producción y la planificación económica centralizada en términos marxistas, ni atiende a la lucha de clases. Incluso han abandonado el marxismo como único enfoque de interpretación de los procesos sociales y han reconocido la influencia del humanismo, del cristianismo o de otras expresiones religiosas, como en la India o en otras partes de Asia. Y, aunque de forma minoritaria, existe asimismo un socialismo musulmán en el que el Corán es la base teórica o teológica más relevante.

Los grupos de lucha armada, que utilizaron la violencia terrorista en nombre del marxismo por creer que sin revolución violenta no había posibilidad de cambiar el sistema de explotación capitalista, no han cuajado y aunque aún quedan restos de guerrilleros en algunos países de Latinoamérica (Sendero Luminoso en Perú, la guerrilla colombiana, los zapatistas mexicanos o los rebeldes tamiles de Sri Lanka) sus fuerzas son cada vez menores.

Los socialdemócratas siguen planteando el tema de la justicia social y la distribución de la riqueza, dentro de los márgenes que les dejan sus propuestas electorales ya que han de cubrir sectores muy diversos, de muy distintas habilidades y con posiciones económicas muy desiguales, que ya no se identifican con la clase obrera tradicional sino que todos creen pertenecer a la «clase media», concepto más difuso, por otra parte, que el de «clase obrera». Estos partidos han incorporado demandas nuevas como la igualdad de género, la defensa del medio ambiente o la aceptación de formas de estructuras familiares diferentes a las tradicionales. Pero en los últimos años les ha surgido la competencia de otras propuestas que se preocupan principalmente por la contaminación de la atmosférica, la destrucción del medio ambiente y la desaparición de especies animales o plantas, y defienden una economía sostenible sin deterioro de las fuentes de riqueza. Son los llamados «verdes», una opción política, independiente de los partidos socialistas, que ha triunfado principalmente en Alemania y que se extiende, también, por Francia y muchos otros países.

Algunos partidos socialistas que han gobernado en Europa, y en menor medida en países sudamericanos, en distintos periodos después de la II Guerra Mundial, han vivido casos de corrupción destacados por parte de algunos de sus dirigentes, lo que les ha hecho perder credibilidad entre su electorado y, en parte, ha contribuido al incremento del descrédito de la política como intermediación entre los ciudadanos y el Estado. Venezuela es un ejemplo. No obstante, siguen manteniendo importantes porcentajes de votos en Europa principalmente, aunque no generen expectativas de cambios radicales. En muchos casos, sus órganos de dirección se han burocratizado, han controlado las listas que se presentaban a las elecciones y han practicado la cooptación de sus órganos de dirección.

Los militantes con carné van disminuyendo y los que mantienen la militancia adoptan posiciones pasivas, desentendiéndose de las pugnas internas, en muchos casos provocadas por la competencia de liderazgo, lo que dificulta un mensaje unitario y provoca rencillas insalvables entre los dirigentes. La contradicción entre participación masiva y libre, exponiendo cada cual su visión política, aireado todo ello por los medios de comunicación, provoca una imagen de división que el electorado, en algunos casos, penaliza. Una organización rígida, controlada por la cooptación, y un aparato político que se perpetúa quitan espontaneidad a la libre expresión de las ideas pero la apariencia de unidad tiene como contrapartida positiva unos mayores réditos electores, aunque supone una perversión de la democracia. Las nuevas generaciones han tomado la política como fuente de trabajo y existe el peligro de que la acción de los partidos conduzca a una situación inerme, que nada soluciona, y de ahí que en países en vías de desarrollo surjan alternativas populistas, antipartidos, que pongan en cuestión los mecanismos democráticos, como ocurre en Sudamérica con el ascenso al poder de Hugo Chávez en Venezuela o Evo Morales en Bolivia. Y todavía está por explicar de manera comprensible el fenómeno del populismo argentino en torno al peronismo, con una tradición que viene desde casi el final de la II Guerra Mundial. Esta reacción no ha alcanzado a Europa aunque existen algunos elementos que pueden ir en esa dirección: Berlusconi en Italia sería un ejemplo.

La II Internacional, reconstruida después de la II Guerra Mundial, fue convirtiéndose en un foro de debates ideológicos pero con escasas resoluciones políticas que influyeran en las decisiones aplicables por los partidos socialistas de todo el mundo. Y justo cuando el fenómeno de la globalización económica resultaba cada vez más imparable. En la etapa de Willy Brandt, dirigente socialdemócrata alemán y presidente de la II Internacional en los años 70 del siglo XX, hubo una cierta revitalización en las propuestas socialistas y una presencia más activa en el contexto internacional.

En los últimos tiempos, la crisis económica y la globalización han rehabilitado el papel del Estado y el mantenimiento de las políticas sociales, muy cuestionadas por el neoliberalismo a partir de 1973; y es que la pérdida de credibilidad de este con la crisis financiera del 2008 terminó por provocar el surgimiento de economistas que plantearon, en una línea parecida a la de Keynes, la vuelta al intervencionismo estatal en el sector financiero. Aunque otras opciones políticas intentan paliar los déficits de las prestaciones sociales, el socialismo se ha convertido en su mejor defensor, si bien sin grandes alternativas. Mantiene una cultura y una estética que enlaza con las tradiciones socialistas pero el contenido ha variado sustancialmente. Ha entrado, además, en una fase de carencia ideológica aplicando políticas de la economía neoclásica del capitalismo para solucionar las crisis y ha desvalorizado el papel de los sindicatos afines que también se han acomodado a la situación.

Los partidos comunistas, por su parte, prácticamente han desaparecido después del derrumbamiento del Bloque soviético y se refugian en organizaciones de amplio espectro donde caben otros sectores políticos radicales, desdibujando incluso su denominación de origen. El eurocomunismo de finales de las décadas de 1970 y 1980 apenas cubrió las expectativas de una revisión de los presupuestos y prácticas comunistas, provocando enfrentamientos irreconciliables entre los militantes que les ha hecho ser marginales en los sistemas parlamentarios. Muy pocos dirigentes socialistas, por no decir ninguno, hacen del marxismo su bandera principal.

Sin embargo existen todavía, principalmente en ciertos medios académicos universitarios, profesores, dentro del campo de la historia, la sociología o la economía, que al menos revalorizan ciertos aspectos de la metodología y el análisis marxista y tratan de aplicarlo a sus investigaciones, combinándolo, en ocasiones, con otras teorías no marxistas.

Nada puede preverse de cómo se desarrollará en el futuro el pensamiento y la acción socialista aunque, hoy por hoy, representa una alternativa para muchos ciudadanos y ciudadanas que viven de su trabajo y a quienes les afectan las coyunturas económicas del capitalismo, pero cuya adscripción ideológica está basada, fundamentalmente, en una tradición familiar o en experiencias vitales propias. Marx, al igual que habían hecho los socialistas utópicos franceses, cuando habló de cómo sería en el futuro la sociedad comunista, se limitó a especular. Y así, predicaba que el Estado burgués sería sustituido por uno proletario, que ya no explotaría a nadie, y que a la larga la burocracia estatal desparecería después de un periodo de transición. Incluso predijo que la revolución socialista surgiría en los países más avanzados industrialmente, como Gran Bretaña. La realidad ha sido todo lo contrario, el comunismo ha tenido fuerza en países menos desarrollados y contó con el apoyo campesino, como en Rusia y China.

Algunos han sugerido que la gran aportación de Marx ha sido el análisis del capitalismo y que no se ocupó excesivamente de los problemas del futuro. Cuando estos surgieran en la nueva sociedad socialista se abordarían desde una posición diferente al haber sido eliminada la sociedad capitalista. Esta tesis sería defendida en la URSS y otros países del este de Europa, América y Asía, con resultados poco efectivos para la vida cotidiana de sus habitantes. Tampoco aclaró si la dialéctica materialista continuaría o desaparecería con el triunfo final de la clase obrera. La creencia en que era ineluctable el establecimiento del nuevo orden de justicia social tiene, de alguna manera, muchas connotaciones con la fe y esta no depende más que de factores personales.

El socialismo democrático actual está ante el dilema de cuál debe ser su camino de futuro, porque pretende representar a sectores más amplios de la sociedad, sin considerarse el defensor exclusivo de los intereses obreros. Estos, en muchos casos, votan a partidos diferentes, más conservadores, que han mantenido las prestaciones sociales, o con perspectivas políticas que han roto con los programas tradicionales del socialismo.

La «tercera vía» de Blair sirvió más como modelo para la renovación de organizaciones políticas de la derecha clásica que para los partidos socialistas. Estos han ido derivando entre una izquierda, cada vez con menor peso, que reivindicaba una adaptación de las tesis marxistas, y una derecha con planteamientos muy similares a los partidos de centro, y, de hecho, se han situado en el centro-izquierda. Junto a ellos existe una amalgama de posiciones que tratan de combinar aspectos de las dos corrientes principales. En los partidos socialistas queda, no obstante, una tradición cultural de defender formas nuevas de entender la libertad de opciones familiares, o de incorporar las reivindicaciones feministas y ecologistas, de asimilar un tipo de música y un recuerdo de los signos del pasado. Pero el sonido de las notas de la Internacional con el puño levantado les parece, a muchos, una estética pasada de moda, así como el anticlericalismo clásico que desde los tiempos del papa Pio IX habían practicado.

Bibliografía básica general

BOBBIO, Norberto. *Las ideologías y el poder en crisis: pluralismo, democracia, socialismo, comunismo, tercera vía y tercera fuerza.* Barcelona: Ariel, 1988.
Conjunto de ensayos, muy desiguales, que permite comparar el socialismo con otros regímenes políticos de la época contemporánea.

BRAVO, Gian Mario. *Historia del socialismo 1789-1848: el pensamiento socialista antes de Marx.* Barcelona: Ariel, 1976.
Análisis histórico del movimiento socialista anterior a Marx y a la formación del movimiento obrero.

CLAUDÍN, Fernando. *De la Komintern al Kominform.* París: Ruedo Ibérico, 1967
Primer tomo de una historia inacabada escrita por el militante comunista español Fernando Claudín, que

fue expulsado del PCE por Santiago Carrillo, y que conoce bien los entresijos de los partidos comunistas.

COLE, George. D. H. *Historia del pensamiento socialista.* 8 tomos. México: FCE, 1957.

Un clásico, publicado originalmente en inglés, en 1953. Aborda más allá del desarrollo del marxismo en la historia del socialismo, pues es también extraordinariamente útil para ubicar el pensamiento de los marxistas en el conjunto del pensamiento antiburgués.

CRICK, Bernard. *Socialismo.* Madrid: Alianza, 1994.

Análisis teórico de los principios fundamentales del socialismo, con referencias históricas.

DROZ, Jacques (director). *Historia general del socialismo.* 4 tomos. Barcelona: Destino, 1985.

Publicada originalmente en francés, en 1979. Es una obra colectiva: sus autores son, en general, académicos de la Universidad de París, y el enfoque es predominantemente académico y rigurosamente histórico. Es útil porque su objetivo permite ubicarlo en el conjunto de la tradición del pensamiento crítico del socialismo.

FLORES, Marcelo y ANDRÉS, Jesús de. *Atlas ilustrado del comunismo.* Madrid: Susaeta Ediciones, 2003.

Un resumen divulgativo y bien estructurado con profusión de ilustraciones sobre la evolución del comunismo mundial.

HELLER, Agnes. *Anatomía de la izquierda occidental.* Barcelona: Península, 1985.

Estudio filosófico de las opciones políticas del socialismo en la política occidental.

HOBSBAWM, Eric J. (director). *Historia del marxismo.* 8 tomos. Barcelona: Bruguera, 1980.

Uno de los historiadores más conocido dirige esta historia del marxismo donde colaboran especialistas en el tema.

KOLAKOWSKI, Leszek. *Las principales corrientes del marxismo.* 2 tomos. Madrid: Alianza, 1980.

Publicado originalmente en polaco, en 1976, es la visión de un crítico que fue primero marxista y después abandonó esa escuela de pensamiento. Se circunscribe al marxismo en sentido estricto, describiendo sus diversidades y principales polémicas. Es muy útil, sin embargo, por el tratamiento, riguroso y bastante rico, de Marx, Engels y Lenin, que son las partes más trabajadas del texto.

LINDEN, Marcel van der. *Historia transnacional del trabajo.* Valencia: Centro Alzira-Valencia de la UNED, 2006

Recopilación de artículos largos centrados principalmente en una nueva interpretación del sindicalismo revolucionario, la metaformofosis de la socialdemocracia europea, los primeros partidos comunistas, y las consecuencias de mayo de 1968.

LICHTHEIM, George. *Breve historia del socialismo.* Madrid: Alianza, 1994.

Interesante y breve introducción a la historia general del socialismo. Contiene referencias bibliográficas.

PANIAGUA, Javier. *Anarquistas y socialistas.* Madrid: Historia 16, 1989.

Un resumen de la evolución del anarquismo y el socialismo en España con el comentario de las principales aportaciones hasta el año de publicación.

PICÓ, Josep. *Los límites de la socialdemocracia europea.* Madrid: Siglo XXI, 1992.
Análisis sociológico de los principales partidos socialdemócratas europeos después de la II Guerra Mundial hasta los años 90 del siglo XX.

PIPES, Richard. *Historia del comunismo.* Barcelona: Mondadori, 2002.
Un buen resumen de los acontecimientos que se han desarrollado en el movimiento comunista desde la Revolución Rusa.

PIQUERAS, José Antonio. *El movimiento obrero.* Madrid: Anaya, 1992.
Un buen resumen de la historia social y política del movimiento obrero desde el siglo XIX al XX.

SASSON, Donald. *Cien años de socialismo.* Barcelona: Edhasa, 2001.
Ensayo largo y profundo de la historia del socialismo, con una gran cantidad de datos, centrado principalmente en la Europa occidental. Al final hay un apéndice, resumido y muy claro y adaptado a las nuevas investigaciones, del profesor J .L. Martín sobre la historia específica del socialismo español.

TEZANOS, José Félix. (editor). *Teoría política del socialismo.* Madrid: Sistema, 1993.
Recopilación de varios textos sobre los principales teóricos del presocialismo y de los socialistas y comunistas marxistas, realizado de manera divulgativa por profesores de las universidades españolas especialistas en ciencia política, sociología, historia y filosofía política.

TUÑÓN DE LARA, Manuel. *Historia del socialismo español.* 5 tomos. Barcelona: Conjunto Editorial, 1989.

Cada uno de los libros está realizado por un especialista en la historia del socialismo en sus diferentes periodos, con una gran cantidad de datos que permiten entender la evolución del socialismo español hasta la transición política española.

VVAA. *Historia del comunismo. Aventura y ocaso del gran mito del siglo XX.* 2 tomos. Madrid: El Mundo, 1992. Una detallada historia del comunismo desde la Revolución Rusa hasta la caída del muro de Berlín, con referencias a otros partidos comunistas del mundo, realizada en forma de fascículos por historiadores y sociólogos con ilustraciones, cronología y biografías de los principales dirigentes.

VRANIKI, Pedrag. *Historia del marxismo.* Salamanca: Sígueme, 1977. Publicado originalmente en Yugoslavia, en 1971, es interesante por el tratamiento de las corrientes filosóficas en la tradición marxista. Resulta, sin embargo, muy útil como orientación en las discusiones de los años 50 y 60 del siglo pasado.

Bibliografía básica específica

TEXTOS SOBRE MARX

ARICÓ, José. *Marx y América Latina*. México: Alianza, 1980.
  Un excelente estudio sobre la actitud y los escritos de Marx dedicados a América Latina, y las polémicas que han causado.
BERLIN, Isaiah. *Karl Marx*. Madrid: Alianza, 1963.
  Una biografía ácida, sincera y rigurosa, escrita por un notable filósofo político inglés que no es marxista, pero que siente un respeto enorme por Marx. Ofrece un Marx distinto al habitual
GUSTAFSSON, Bo. *Marxismo y revisionismo*. Barcelona: Grijalbo, 1975.
  Estudio detallado y bien documentado sobre las polémicas que se abren a principios del siglo XX sobre

el revisionismo de la obra de Marx, centrado principalmente en la figura de Eduard Bernstein.

LICHTHEIM, George. *El marxismo*. Barcelona: Anagrama, 1980.

Una visión crítica, centrada sobre todo en Marx y Engels, riguroso desde un punto de vista histórico, polémico desde un punto de vista político.

MARX, Karl.

No hay mejor manera de empezar a estudiar la historia del marxismo que leer a Marx directamente y discutirlo en grupos. Entre sus muchas obras, las lecturas básicas, que cumplen con la condición de ser a la vez relevantes en el contenido, breves, y relativamente entendibles sin grandes estudios previos, podrían ser las siguientes:

Introducción a la crítica de la filosofía del Derecho de Hegel (1843).

El trabajo enajenado (1844).

El Manifiesto comunista (1848).

Prólogo a la contribución a la Crítica de la economía política (1859).

Salario, precio y ganancia (1865).

La Guerra Civil en Francia (1871).

Todos estos textos se encuentran habitualmente, en particular, en las antiguas ediciones en castellano de la antigua URSS que aún se pueden adquirir en librerías de libros antiguos.

McLELLAN, David. *Karl Marx, su legado*. Madrid: Quarto, 1984.

Escrito para el centenario de la muerte de Marx, sobre la base de una serie de conferencias en la BBC de Londres, por el marxistólogo inglés David McLellan.

RUBEL, Maximilien. *Karl Marx.* Buenos Aires: Paidós, 1970.

Este texto hace una brillante biografía intelectual de Marx. En general, de cualquier trabajo de Rubel se puede esperar rigor, ponderación, y algo de humor inglés. En Barcelona, Anagrama: 1970, se puede encontrar asimismo su *Crónica de Marx,* un muy buen resumen de los principales hechos de su vida.

WHEEN, Francis. *Karl Marx.* Madrid: Debate, 2000.

Escrita por un periodista inglés, conservador, es una obra muy bien documentada, que ofrece un perfil de Marx como político radical y hombre de familia del siglo XIX.

La Revolución Rusa de 1917

El tema del triunfo bolchevique es sustantivo en la historia del marxismo real y es muy difícil encontrar estudios u opiniones ponderadas y de valor académico. Las que siguen son un conjunto de referencias mínimas que abarcan diversos puntos de vista sobre el desarrollo de la revolución rusa, y los procesos que condujeron a la dictadura estalinista.

BETTELHEIM, Charles. *La lucha de clases en la URSS.* Madrid: Siglo XXI, 1978.

CARR, Edward Hallet. *La revolución bolchevique.* Madrid: Alianza, 1977.

COHEN, Stephen F. *Bujarín y la revolución bolchevique.* Madrid: Siglo XXI, 1976.

FEJTÖ, François. *Historia de las democracias populares*. Madrid: Martínez Roca, 1971.

HAJEK, Milos. *Historia de la Tercera Internacional*. Barcelona: Crítica, Grijalbo, 1984.

HILL, Christopher. *La Revolución Rusa*. Barcelona: Ariel, 1971.

MERLEAU-PONTY, Maurice. *Humanismo y terror.* Buenos Aires: Leviatán, 1956.

SERVICE, Robert. *Lenin: una biografía*. Madrid: Siglo XXI, 2001.

TROTSKY, León. *La Revolución Rusa*. Quimantú, 1972.

LA REVOLUCIÓN INDUSTRIAL

ASHTON, T. S. *La Revolución Industrial 1760-1830*. México, D.F.: Fondo de Cultura Económica, 1964. Obra clásica para el conocimiento global del fenómeno de la Revolución Industrial.

BERG, M. *La era de las manufacturas (1700-1850)*. Una nueva historia de la revolución industrial británica. Barcelona: Crítica, 1986. Interesante estudio sobre el proceso industrial en el primer país donde se produjo y en el que desmonta algunas teorías sobre su desarrollo.

CIPOLLA, Carlo M. *Historia económica de la Revolución Industrial*. Barcelona: Ariel, 1979. Visión global de los hechos, de lectura asequible, aunque algo anticuada.

DEANE, Phyllis. *La primera Revolución Industrial*. Barcelona: Península, 1977.

Una obra imprescindible, realiza una profunda investigación sobre las causas.

ESCUDERO, Antonio. *La Revolución Industrial: una nueva era.* Madrid: Anaya, 2009.
Una visión resumida, pero sagaz y puesta al día del proceso de la Revolución industrial que se lee con facilidad.

LANDES, David S. *Progreso tecnológico y Revolución Industrial.* Madrid: Tecnos, 1979.
Obra rigurosa, completa y amena, pero con un enfoque muy tecnologicista.

MANTOUX, Paul. *La Revolución Industrial en el siglo XVIII.* Madrid: Aguilar de Ediciones, 1962.
Una investigación interesante sobre los antecedentes de la Revolución Industrial.

VILAR, Pierre (y otros). *La industrialización europea. Estudios y tipos.* Barcelona: Crítica, 1981.
Una investigación interesante sobre los antecedentes de la Revolución Industrial, dirigida, y en parte escrita, por uno de los historiadores referentes del siglo XX.

CONTEXTO HISTÓRICO

BROWER, Daniel R. *Historia del mundo contemporáneo. 1900-2001.* Madrid: Prentice Hall, 2002.
Un buen resumen de los acontecimientos políticos y sociales del siglo XX.

HOBSBAWM, E. J.
Naciones y nacionalismo. Barcelona: Crítica, 1998.
Historia del siglo XX. Barcelona: Crítica, 2001.

La invención de la tradición. Barcelona: Crítica, 2002.

Tres libros imprescindibles sobre uno de los fenómenos más debatido en el siglo xx: los nacionalismos, así como la trayectoria política y social del siglo xx.

JOHNSON, Paul. *El nacimiento del mundo moderno.* Barcelona: Javier Vergara editor, 2000.

Interesante visión de la gestación del mundo moderno entre 1815 y 1830.

LAQUEUR, Walter. *Europa después de Hitler.* Madrid: Sarpe, 1985.

Estudio de la evolución de la historia de Europa después de acabada la II Guerra Mundial.

LUEBBERT, Gregory. *Liberalismo, fascismo o social-democracia. Clases sociales y orígenes políticos de los regímenes de la Europa de entreguerras.* Zaragoza: Prensas Universitarias de Zaragoza, 1997.

Análisis de los conflictos sociales, doctrinales y políticos de las tres principales corrientes del pensamiento occidental durante le etapa entre las dos guerras mundiales.

PANIAGUA, Javier. *La Europa revolucionaria (1789-1848).* Madrid: Anaya, 1989.

Resumen de una época que transcurre desde la Revolución Francesa en 1789 hasta las revoluciones de 1948.

WATSON, Peter. *Ideas. Historia intelectual de la humanidad.* Barcelona: Crítica, 2006.

Un amplio análisis de las trayectorias intelectuales que se han producido a lo largo de la historia.